Inhalt

Die beiliegende DVD enthält sowohl Videosequenzen als auch alle benötigten Audio-Tracks.

Vorwort

Body-Percussion verblüfft und begeistert nicht nur Kinder und Jugendliche. Das Stampfen, Klatschen, Patschen und Schnipsen mit und auf dem Körper führt zur Auseinandersetzung mit sich selbst und mit dem musikalischen Rhythmus.

Sehr praktisch: Das Instrument ist immer und überall einsatzbereit dabei. Die Lust am Rhythmischen ist dabei genau so bedeutend wie das Einlassen auf das Ensemble, damit am Ende der Body-Groove gelingt.

Body-Percussion geht nahezu immer: Als Warm Up, in einer Doppelstunde zwischendurch oder für die letzten fünf Minuten, für die tägliche Bewegungszeit, für die Vertretungsstunde, für das Musikmachen ohne Musikraum, für die Klassenfahrt - von der motorischen Übung bis zum aufführungsreifen Stück.

Inhaltlich umfassen die Body-Percussion-Schläge die vier Basiselemente:

- **Stampfen**
- **Patschen**
- **Klatschen**
- **Schnipsen**

Hinzu kommt noch die Stimme.

Die in diesem Buch praktisch angebotenen Basistechniken und -übungen, Spielideen und kleinen Stücke sind so angelegt, dass jedes Kind einer Lerngruppe mitmachen kann! Dazu gibt es Tipps und Anmerkungen.

Sie können sich eine aufeinander aufbauende Folge aus den Teilen I und II zusammenstellen oder einzelne Aktionen für sich allein durchführen. Insgesamt ist dieses Buch keine Stückesammlung, sondern ein Arbeitsbuch.

Nehmen Sie sich in der musikalischen Arbeit mit den Schülern für jede Aktion und jede Übung Zeit: Lieber wenige Pattern vertiefend aneignen als viele schnell hintereinander abarbeiten. Die Motivation liegt in der Qualitätsarbeit und dem daraus resultierenden persönlichen Erfolg: Ein anderes Wort dafür lautet: Automatisierung.

Der Automatisierungsprozess erleichtert die Aneignung und die Erarbeitung komplexerer oder schwierigerer Inhalte. Er hilft, beim Lernprozess weiter zu kommen, sich neue Könnens-Ebenen zu erschließen. Mit jedem Schritt komme ich voran: In meinen rhythmischen Fertigkeiten, in der Qualität meiner Body-Sounds und meiner Bewegungskoordination, in meinem Beitrag zum genussvollen gemeinsamen Musik machen.

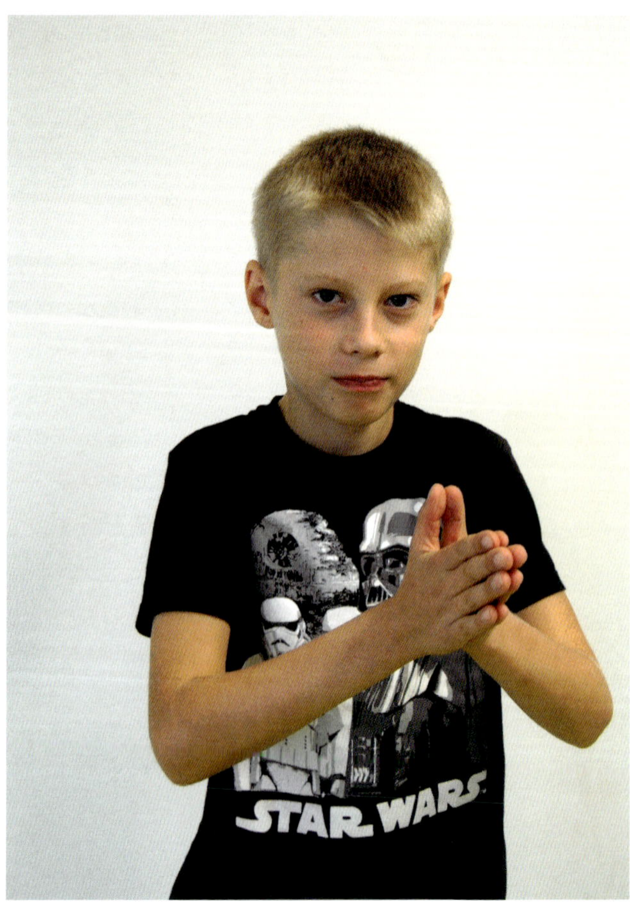

Body-Percussion kreativ und inklusiv fördert das Zusammenspiel von Körper, Ohr, Auge und Gehirn. Damit dieses Zusammenspiel gelingt, dürfen Spaß und Freude an den Aktionen nicht zu kurz kommen.

Arbeiten Sie daher lustvoll genau und geben Sie in gleichen Maßen dem aktuellen Können der Schüler den Vorzug vor Perfektion! Verändern Sie Aktionen und Stücke je nach Zusammensetzung ihrer Lerngruppe.

Die Aktionen mit diesen Elementen korrespondieren miteinander. Grundlagen aus dem ersten Teil werden in Gruppenaktivitäten oder zu Klassenstücken weiter verarbeitet. In der Arbeit mit Body-Percussion kreativ und inklusiv werden die motorischen, rhythmischen und formalen Grundlagen immer wieder in einem neuen Kontext zusammengesetzt. Regelmäßiges 5-Minuten-Rhythmus-Training und Wiederholen (auch außerhalb der Musikstunden!) sind effektive Treibstoffe für gelungene Body-Percussion-Erlebnisse und haben ebenfalls Auswirkungen auf andere Lerninhalte und Fächer.

Eine ganze Reihe von Aktionen nimmt die Vornamen der Schüler einer Klasse in die Übungen auf. Einerseits bieten Vornamen eine Vielfalt zur rhythmischen Gestaltung, andererseits wird die Identifikation zwischen Kind und Lerninhalt erhöht.

Die Auswirkung auf den gemeinschaftlichen Aspekt beim gemeinsamen Musik machen ist in manchen Klassen ebenfalls nicht zu unterschätzen: Ich muss mich und die anderen in der Zusammenarbeit kennen lernen. Dann wissen wir schon mehr, mit wem wir es zu tun haben und unser Stück wird wirklich ein Klasse(n)Stück!

Zum Schluss noch dies: Das musikalische Zusammenspiel mehrerer Menschen benötigt (mit sehr wenigen Ausnahmen) ein gemeinsames gleiches Metrum. Das Üben im Metrum *(auch Puls oder Timing)* ist in nahezu jeder Aktion zentral. Jeder Mensch fühlt seinen eigenen Puls. Jeder ist in seinem eigenen Timing richtig. Ein gemeinsamer Puls in der Gruppe muss erst hergestellt werden. Dies ist eine ständige Übung und verfeinert sich erst im Prozess.

Haben Sie daher Geduld und viele Musikstunden!

Die vier Basis-Schlagtechniken

Mit diesen vier Basistechniken geht es los. Mit ihnen werden alle Aktionen und Arrangements in diesem Buch durchgeführt. Etwaige Besonderheiten werden in den entsprechenden Kommentaren erklärt.

Stampfen

Gestampft werden kann grundsätzlich mit beiden Füßen gleichzeitig oder abwechselnd rechts/links. So, wie es für die Ausführenden motorisch machbar ist.

Achtung: Stampfer kommen zunächst oft zu spät! Das liegt daran, dass Einsteiger ihre Füße erst dann heben, wenn der Sound erklingen soll:

Beispielsweise soll auf der Zählzeit „Eins" gestampft werden, dann heben viele Kinder ihre Füße erst auf der „Eins" hoch und stampfen ganz schnell danach.

Trainiert werden muss die Vorbereitung der Stampfer, dass also die Füße kurz vor der Zählzeit „Eins" angehoben werden. Dazu muss die Schlagfolge bzw. das Arrangement bekannt sein.

Klatschen

Der Klassiker der Body-Percussion schlechthin. Es gibt mehrere Arten des Klatschens:

- mit den flachen Handflächen gegeneinander; es entsteht kein Hohlraum.
- mit einer Hand in die andere, es entsteht ein kleiner Hohlraum. *Der Sound verändert sich, wenn ich nur mit den Fingern der rechten Hand oder mit der Handfläche in die linke Hand klatsche. Ebenso kann ich durch Anwinkeln der Finger beider Hände den Hohl- und damit Resonanzraum vergrößern.*
- auf den Handballen: Ergibt sehr präzise, kurze Klatscher, die auch nicht so laut sind.

Patschen

Mit der flachen Hand auf den Körper schlagen. Patschen geht ...

- auf den Oberschenkeln
- auf dem Po
- auf dem Bauch
- mit den Fingerspitzen auf dem Handballen oder auf den Wangen
- auf der Brust *(vorsichtig die geeignete Stelle suchen). Der Brust-Patscher soll sich angenehm anfühlen, anschließend wird der Sound entwickelt. Jungen, die die „KingKong"-Variante wählen, merken schnell, dass diese in der Regel zu Zeitverzögerungen und Hustenanfällen führt.*

  Daher: Ruhig zulassen und testen lassen!

Schnipsen

... gelingt nicht jedem Kind automatisch. Das energetische Abgleiten des Mittelfingers von der Daumenkuppe der gleichen Hand ist feinmotorisch eine große Herausforderung.

Ein Trick ist, die beiden schnipsenden Finger kurz anzufeuchten, denn mit sehr trockenen Fingern fällt diese Aktion schwerer. Und falls es dennoch gerade nicht gelingen sollte: Lassen Sie den Kindern Zeit. Es gibt keinen ultimativen Weg, das Schnipsen zu erlernen. Viele Kinder, die es immer wieder versuchen, beherrschen es auf einmal!

Wichtig ist, dass die Kinder in der Bewegung bleiben und nicht mit ihrer Energie „pausieren". Dann geht der Spielfluss verloren! Also: Die Bewegung mitmachen, den Schnips-Sound weglassen. Es sind in der Regel genügend Kinder in einer Klasse, die für einen hörbaren Schnips-Sound sorgen.

Tipps & Tricks

Was mache ich, wenn ein Kind motorisch nichts nachmachen kann und scheinbar keinerlei rhythmische Fertigkeiten zeigt?

- Mich neben das Kind setzen, bevor die Aktion beginnt
- Einen kleinen und kurzen Impuls geben, damit es wieder im Fluss ist
- Akzeptieren: Im Moment ist daran nichts änderbar. Das Kind mitspielen lassen und mit der Klasse weiter am Spielfluss und deutlichen Akzentuierungen arbeiten. Dadurch wird die Klasse präsenter
- Dem Kind ein Solo geben, in dem es spielen kann, was und wie es will
- Auf die To-Do-Liste schreiben: Mit der Klassenlehrkraft, den Eltern sprechen und/oder sich ergotherapeutischen Rat holen
- Sich mit dem Kind über jeden kleinen rhythmischen Fortschritt freuen

Was mache ich, wenn ein oder mehrere Schüler eine Aktion augenscheinlich auf gar keinen Fall durchführen können, z. B. aus motorischen Gründen?

- Dann kommt diese Aktion eventuell in dieser Klasse nicht zum Einsatz.

Übe ich mit den Schülern auch einmal nur Hände oder nur Beine oder nur rechts oder nur links?

- Das kommt darauf an. Bei den Aktionen in diesem Buch lernen Sie in der Regel am besten immer komplett, da sich oben/unten bzw. links/rechts fließend abwechseln bzw. aneinander gekoppelt sind.

Ist das Üben von Body-Rhythmen eher eine Unabhängigkeitsübung oder eine Koordinationsübung?

- Im Prinzip beides. Im Vordergrund steht die Koordination von Arm-, Hand- und Beinbewegungen. Sollte eine Bewegung mit den Beinen simultan hinzu kommen, so kann diese genau ausgezählt und koordiniert werden. Ist dies einmal gut verstanden, hat man das Gefühl, dass die Beine z. B. nach einiger Zeit unabhängig von den Aktivitäten der Arme laufen.

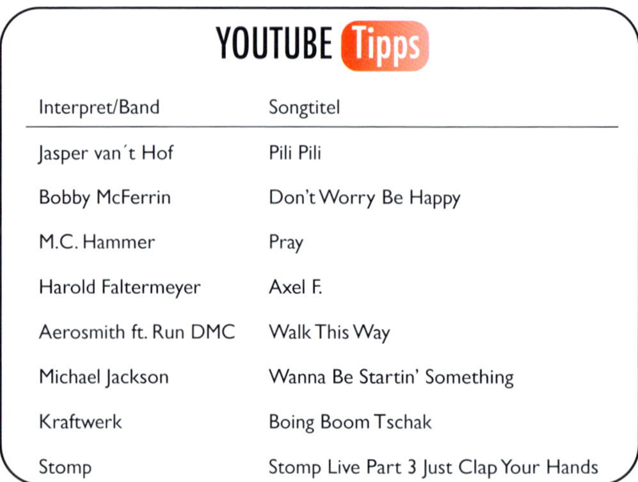

YOUTUBE Tipps

Interpret/Band	Songtitel
Jasper van´t Hof	Pili Pili
Bobby McFerrin	Don't Worry Be Happy
M.C. Hammer	Pray
Harold Faltermeyer	Axel F.
Aerosmith ft. Run DMC	Walk This Way
Michael Jackson	Wanna Be Startin' Something
Kraftwerk	Boing Boom Tschak
Stomp	Stomp Live Part 3 Just Clap Your Hands

Alle Übungen sollten von der Lehrkraft modellhaft vorgemacht werden. Kreative Schüler haben anschließend viele Ideen für eigenes Gestalten. Den Anderen dienen die Beispiele als Starthilfe. Es hilft, das Ziel vor Augen und im Ohr zu haben.

Und: Gut nachmachen muss man erst einmal können!

Wie Sie als Lehrkraft erfolgreich Body-Percussion in jeder Lerngruppe unterrichten:

- sofort beginnen
- enthusiastisch an den Grooves und am individuellen Lernzuwachs arbeiten
- Alternativen und unterstützende Übungen sofort parat haben
- Original-Partituren oder Vorlagen kreativ und an die Spielgruppe anpassend verändern
- annehmen, dass nicht alle Schüler alles (sofort) können und dies als normal akzeptieren
- jedes Stück durcharbeiten
- Stücke oder Phrasen aus der Arbeit in Gruppen vorspielen lassen und mit der Gruppe von hinten nach vorne oder partiell nachbearbeiten
- loben, was gut klappt - und seien es die Pausen
- aktuelle und spontan auftretende Ideen vorschlagen, ausprobieren und deren Aufnahme ins Repertoire in die Entscheidung der Gruppe stellen
- freundlich und humorvoll am musikalischen Rhythmus arbeiten

Seien Sie von Ihrem eigenen Können überzeugt! Aus dieser Haltung heraus können Sie gut handeln, auch wenn einmal keine Idee kommen mag. Wenn Sie sich den aktuellen Groove/die anstehende Übung erst neulich vor dem Spiegel selbst beigebracht haben: Sie können ihn!

Part I

Warm Up, Opener und Trainings

AKTION 1 Pa-Kla-Schni-Schni

START

Sitzkreis.

Das Patschen geschieht auf den Oberschenkeln.

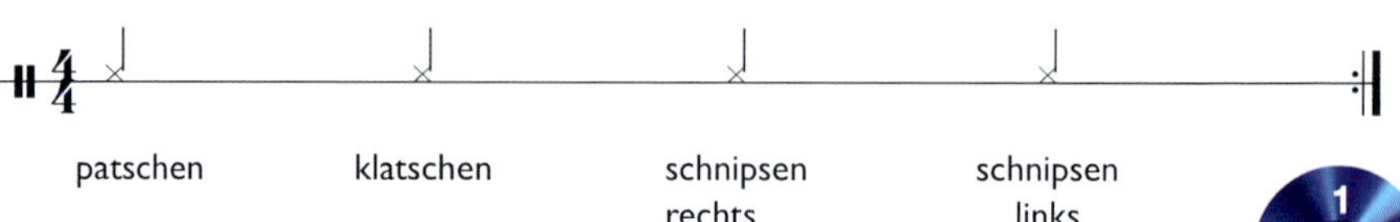

VARIANTE A

Auf dem ersten Schnipsen seinen eigenen Namen sagen und dabei den rechten Nachbarn anschauen ...

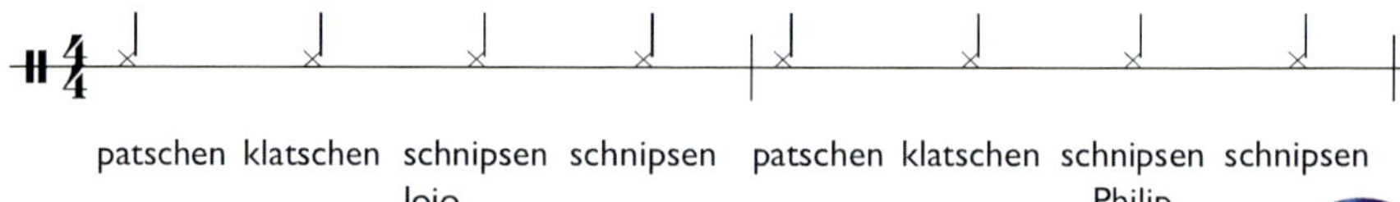

VARIANTE B

Zum eigenen Namen kommt auf dem zweiten Schnipsen der Name des rechten Nachbarn hinzu. Weiterhin nach rechts schauen ...

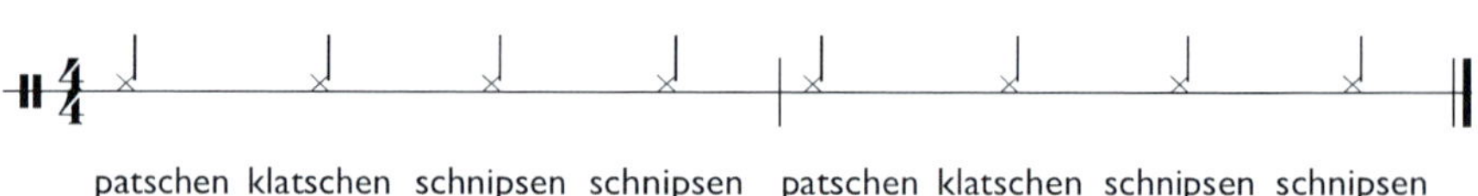

VARIANTE C

Die Aktion im Kreis links herum durchführen. Jetzt werden die Namen der jeweils linken Nachbarn gerufen ...

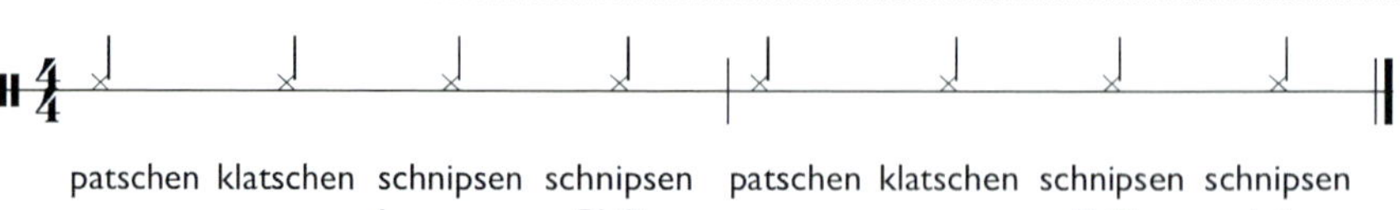

VARIANTE D

Freie Namenwahl: Dem eigenen Namen auf dem ersten Schnipsen einen beliebigen aus der Runde hinzufügen. Die angerufene Person *(Blickkontakt!)* macht entsprechend weiter ...

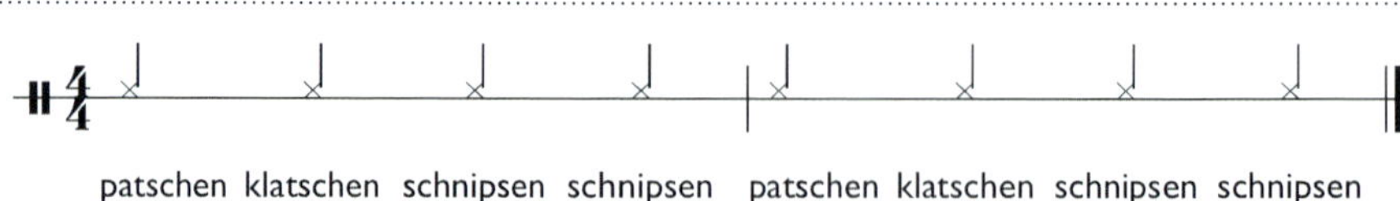

Wenn Sie nicht die genaue Abfolge rechts - links trainieren wollen, ist es unerheblich, mit welcher Hand jeweils geschnipst wird. Probieren Sie mit den Schülern beide Varianten aus!

Pa-Kla-Schni-Schni hat mehrere Qualitäten:

- Der Fokus liegt auf der Einübung der Sounds, des Metrums und des Bewegungsflusses. Nebenbei werden die Namen der Klassenmitglieder mitgelernt und gespeichert.
- Der Fokus liegt auf dem Kennenlernen der Namen. Dann liegt die Konzentration scheinbar nicht auf der Bewegungskoordination, die gleichsam als „nicht so schwierig“ mitgelernt wird.

INKLUSIONS-Tipps

Schüler, denen das Schnipsen noch nicht gelingen will, machen auf jeden Fall die Bewegung mit, um im Bewegungsfluss zu bleiben *(siehe: S. 7)*

Wenn Schüler nicht gleichzeitig beim Schnipsen die Namen aussprechen können, haben Sie mehrere Möglichkeiten:

- die Aktion ohne weiteren Aufhebens weiter laufen lassen
- das Kind zu einer Wiederholung auffordern
- das Kind für die Zeit des Sprechens von der motorischen Aktion freistellen, die Namen sollen auf jeden Fall aber an den entsprechenden Stellen gerufen werden
- die ganze Klasse die gleiche Aktion wiederholen lassen
- sich neben das Kind setzen und mit ihm gemeinsam die Aktion durchführen *(es folgt Ihnen)*
- die Pa-Kla-Schni-Schni-Aktion in einem langsameren Tempo durchführen
- mit beiden Händen gleichzeitig schnipsen - *dabei entfällt die Rechts-/Links-Koordination als zusätzliche Herausforderung*

AKTION 2 Geräusche-Lawine

Sitzkreis. Jemand beginnt mit einer Body-Percussion-Aktion und gibt diese in eine Richtung weiter:

- patschen
- klatschen
- stampfen
- schnipsen
- ...

KREATIV-Tipp

Eine neue Aktion kann zu jeder Zeit gestartet werden, so dass später mehrere Body-Sounds zur gleichen Zeit ausgeführt werden.

Die Aktionen sollen so genau wie möglich ausgeführt werden. Es braucht kein Metrum eingehalten zu werden. Wichtig ist, dass energievoll agiert wird!

AKTION 3 Wake Up!

Sitzkreis. Jede der 7 Sequenzen besteht aus 16 Schlägen.
Zunächst einzeln üben und anschließend in eine Reihenfolge bringen, zum Beispiel:

1 16 x mit beiden Armen auf die eigenen Oberschenkel (Os) patschen

2 zweimal auf die eigenen Os - zweimal auf die Os des rechten Nachbarn
zweimal auf die eigenen Os - zweimal auf die Os des linken Nachbarn patschen *(Wdh.)*

3 einmal auf die eigenen Os - einmal auf die Os des rechten Nachbarn
einmal auf die eigenen Os - einmal auf die Os des linken Nachbarn patschen *(4 Wdh.)*

4 Bauch - Bauch - Knie - Knie - Fuß - Bauch - Schulter - Schulter *(Wdh.)*

5 acht Patscher mit rechter Hand den linken Innenarm vom Handgelenk bis zur Schulter
acht Patscher mit linker Hand den rechten Innenarm vom Handgelenk bis zur Schulter

6 zweimal mit beiden Armen auf eigene Os - zweimal überkreuz auf eigene Os
zweimal eigene Os - zweimal benachbartes Knie der jeweiligen Nebenleute *(Wdh.)*

7 zweimal stampfen re li - beide Schultern hoch / runter
zweimal stampfen re li - zweimal mit jeder Faust re li auf die Brust patschen *(„KingKong!“)* *(Wdh.)*

INKLUSIONS-Tipp

Wenn das erneute Patschen auf den eigenen Oberschenkeln am Anfang von Sequenz 2 zur Verwirrung führen sollte, können Sie die Reihenfolge der Sequenzen beliebig ändern.

Entwickeln Sie daraus eine kleine Performance! - Jede Sequenz kann beliebig oft wiederholt werden. Denken Sie sich weitere Bewegungen aus: Arme Innenseite beklatschen, Schulter kreisen usw.

AKTION 4 Warm Up mit Musik

Sitzkreis. Die Lehrkraft spielt auf der Gitarre eine beliebige Akkordfolge.

Auf der beiliegenden DVD sind zu dieser Aktion drei Playbacks mit folgendem Harmonieschema enthalten:

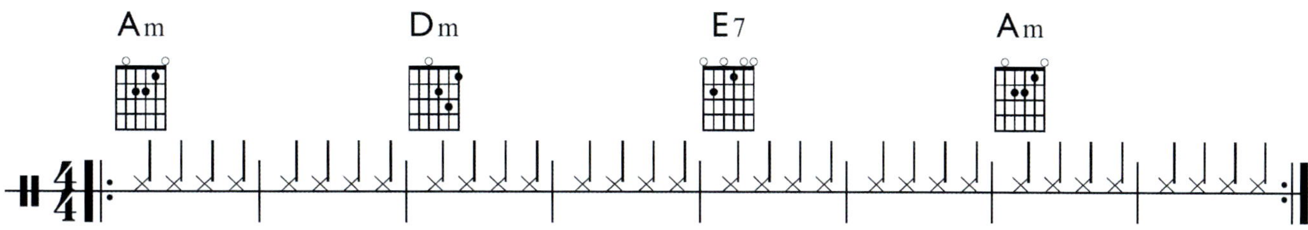

Playback 3 bietet zusätzlich Raum für Improvisationen usw. TIPP: Alle ausprobieren!

Dazu steuern die Schüler individuell eine musikalische Aktion mit Stimme oder Körper bei. Zum Beispiel:

- Schüler A klatscht im Back-Beat *(auf „Zwei" und „Vier")*
- Schüler B summt die Grundtöne mit
- Schüler C beginnt zu beatboxen

... bis alle Schüler musikalisch aktiv sind

Anschließend stellt die Lehrkraft *mehrmals* verschiedene Aktionen zusammen, die gemeinsam gut aufeinander abgestimmt sind. Dabei sollte jeder Schüler mit seiner Aktion mindestens einmal berücksichtigt werden.

Alternativ:

- „Alle, die im Februar Geburtstag haben!"
- „Alle, die Turnschuhe tragen!"
- „Alle, die einen Zopf haben!"
- „Alle, die ein Loch im linken Socken haben!"

INKLUSIONS-Tipps

- Beginnen Sie mit einem Kind, von dem Sie wissen, dass es auf jeden Fall einsteigen wird. Zurückhaltende Schüler, die erst einmal schauen müssen um für sich Sicherheit zu gewinnen, was auf sie zukommt, sind später an der Reihe.
- Ein Einstieg nach jeweils zwei Takten sollte nach ein paar Wiederholungen erreicht werden. Zunächst kann jeder Schüler sich nach eigenem Gefühl in den Groove einbringen.
- Die Pattern dürfen gedoppelt werden. Ziel ist vor allem, dass der Flow dieser Aktion gelingt und dass jeder mitmacht. Einige Schüler fühlen sich sicherer, wenn sie sich an einen Vorgänger anhängen können. Andere wiederum haben nicht sofort eine eigenständige Idee. Ermutigen Sie diese Schüler bei einer Wiederholung eigene Aktionen beizusteuern. So sehen, verfolgen und unterstützen Sie den Prozess der musikalischen Entwicklung.

AKTION 5 Kettenreaktion: Ich ... Du

START

Die Kinder nehmen zu ihrem jeweils rechten Nachbarn Blickkontakt auf, lächeln ihn an und rufen deutlich ICH! Gleichzeitig einmal klatschen.
Auf diese Weise läuft der Klatsch-Sound durch den Kreis. Es sollen keine Pausen entstehen, sondern das Metrum stabil gehalten werden.

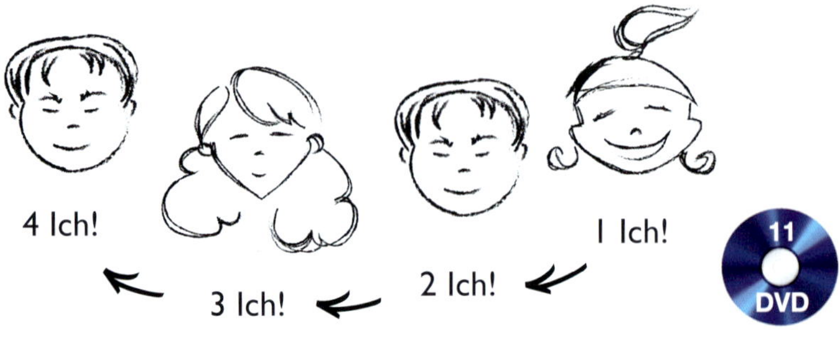

VARIANTE A

Das Gleiche wird in die andere Richtung initiiert (also nach links), die Kinder rufen dazu „DU!“

Auch hier läuft der Klatsch-Sound metrisch stabil durch den Kreis.

VARIANTE B

Beide Aktionen können miteinander kombiniert werden: Jeder Mitspieler entscheidet für sich, ob ein Klatscher nach rechts weiter (ICH!) oder nach links zurück gegeben wird (DU!).

VARIANTE C

Wenn der Richtungswechsel funktioniert, geben Sie einen zweiten Klatscher (ICH! oder DU!) an einer anderen Stelle in den Kreis. Das fordert die Aufmerksamkeit und Präsenz der Gruppe enorm.

VARIANTE D

Sollte jemand ins Schleudern kommen oder auf einmal im Mittelpunkt eines von rechts bzw. gleichzeitig von links kommenden Klatschers stehen, ruft er schnell: WIR! - Dann müssen alle Kinder sofort die Plätze tauschen. Das Kind, das gerufen hat, gibt den nächsten Klatscher in eine der beiden Richtungen weiter.

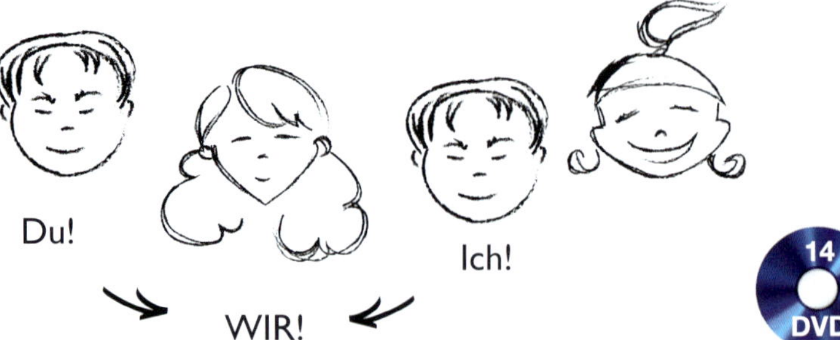

INKLUSIONS-Tipp

Entscheidend bei allen Varianten ist das Einhalten des Metrums. Daher sollte zunächst ein langsames bis mittleres Tempo gewählt werden, bzw. ein Tempo, das alle Teilnehmenden gerade eben noch gut halten können. Je schneller das Tempo, desto herausfordernder wird die Kettenreaktion.

KREATIV-Tipps

- Wegtauchen: Kommt z. B. ein „ICH!" auf mich zu, gehe ich schnell vorher in die Hocke und der Klatscher rauscht über mich hinweg zu meinem rechten Nachbarn (der selbstverständlich aufgepasst und den Weg des Klatschers mit verfolgt hat). Allerdings kann dieser sich - so er denn schnell genug ist - ebenfalls ducken und schon ist ***sein*** rechter Nachbar gemeint ...
- Gegenüber anrufen: Bekomme ich einen Klatscher, nehme ich klaren Blickkontakt mit einem mir gegenüber stehenden Kind auf und rufe es mit einem deutlichem „HEY!" an. Dieses hat nun wieder drei Möglichkeiten: den Klatscher nach rechts, links oder zu einem anderen Gegenüber weiter zu geben. Abtauchen geht hier nicht.
- Statt eines zweiten Klatschers kann auch ein anderer Body-Sound hineingegeben werden, z. B. ein Schnipser.
- Statt „Ich!" und „DU!" kann auch einmal bzw. zweimal geklatscht werden. Die Stimme kann entfallen.
- Aussteigen: Wenn gewünscht, kann auch ein Wettspiel daraus werden. Wer auf einen Impuls nicht regelgerecht reagiert, scheidet aus und setzt sich in die Mitte. Dies geht so lange, bis vier bis sechs Spieler übrig sind.

AKTION 6 Rhythmischer Obstsalat

START Sitzkreis. Ein Kind beginnt, seine Obstsorte in einem klar betonten, sich wiederholenden Rhythmus zu sprechen. Die anderen geben ihre „Früchte" dazu. Es entsteht ein rhythmischer Obstsalat:

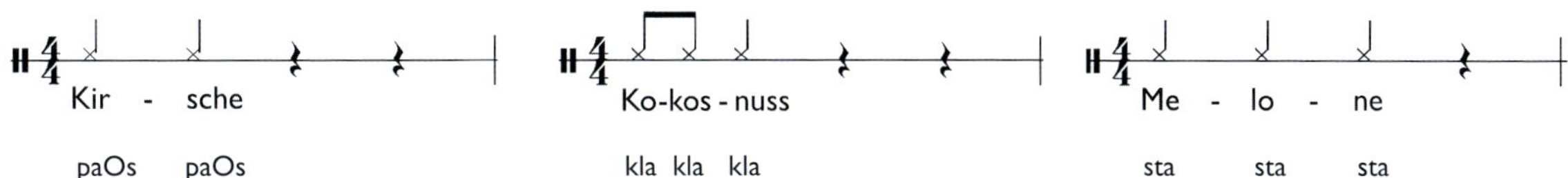

VARIANTE A Diese Rhythmen werden jetzt auf Body-Sounds übertragen. Die Schüler wählen, welcher Sound den eigenen Rhythmus am geeignetsten wiedergibt *(oder welchen sie motorisch flüssig beherrschen).*

VARIANTE B Die Stimme nach und nach weglassen, der Body-Sound läuft allein weiter *(paOs ...).*

Die einzelnen Obst-Grooves passen sich im Laufe der Übung in der Regel einem Gesamtbeat an. Unterstützend kann eine Cowbell Viertelschläge dazu spielen.

KREATIV-Tipps

• VARIANTE C:

Die Schüler rhythmisieren ihre Obstsorten in einem musikalischen Genre. So kann z. B. ein Latin-Feeling entstehen:

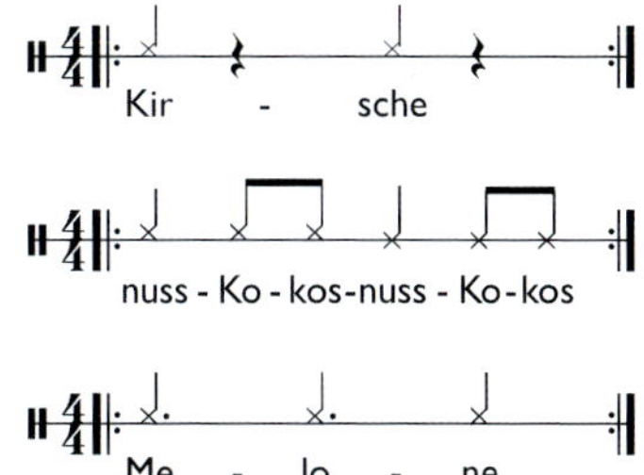

• Bewegung im Raum: Die Schüler gehen in beliebigen Richtungen innerhalb des Raumes: Sie sind immer in Bewegung! Während dessen sprechen sie laut ihre „Obst-Grooves". Die Agierenden sollen sich nicht zu sehr voneinander entfernen, sondern nahe beisammen bleiben, damit eine akustische Dichte entsteht.

• Im Verlauf der Aktion werden die Obstsorten individuell gewechselt. Kommt eine Frucht doppelt vor, so sollen zwei unterschiedliche Rhythmen für diese Frucht gewählt werden.

AKTION 7 Ich mache vor - ihr macht nach

Sitz- oder Stehkreis: Die Lehrkraft klatscht eine rhythmische Figur vor, die Schüler wiederholen diese. Zwischen Vor- und Nachmachen soll keine Pause entstehen!

Alle Übungen sollen aus einer gelösten Körperhaltung heraus ausgeführt werden: Aufrechter Oberkörper, beide Füße parallel fest auf der Erde, Hände werden vor dem Bauch bereit gehalten *(muss ich sie erst von den Beinen, aus den Hosentaschen oder aus dem Gesicht meines Nachbarn holen, bin ich automatisch zu spät und agiere unter Stress).*

Die Übungen beginnen mit Klatschrhythmen, werden dann kombiniert mit Stampfrhythmen, gehen weiter mit Patschen auf den Oberschenkeln, als letztes kommt noch Schnipsen hinzu. Das Tempo kann variiert, soll aber immer den Möglichkeiten der Klasse angepasst werden.

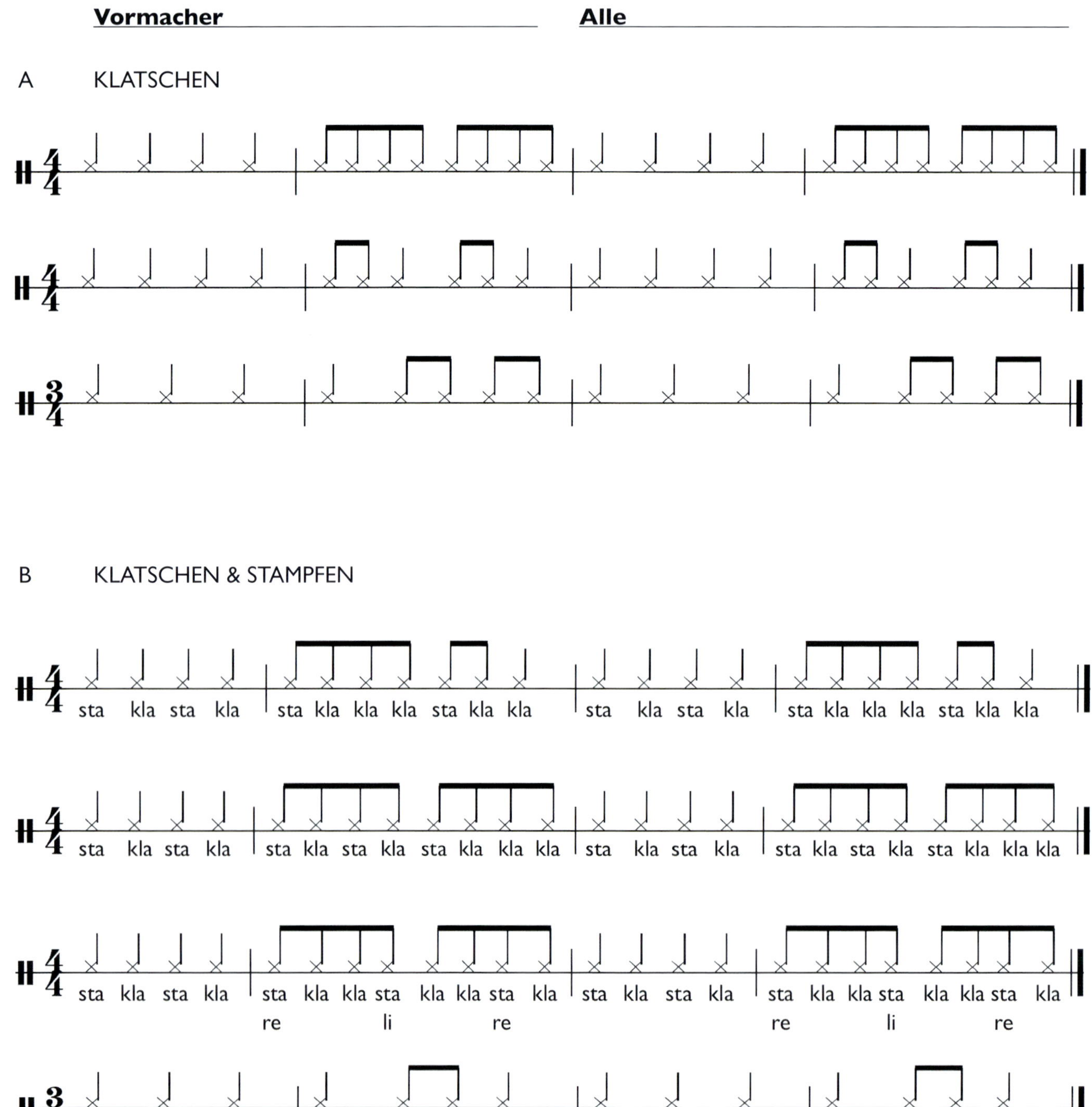

C KLATSCHEN & STAMPFEN & PATSCHEN

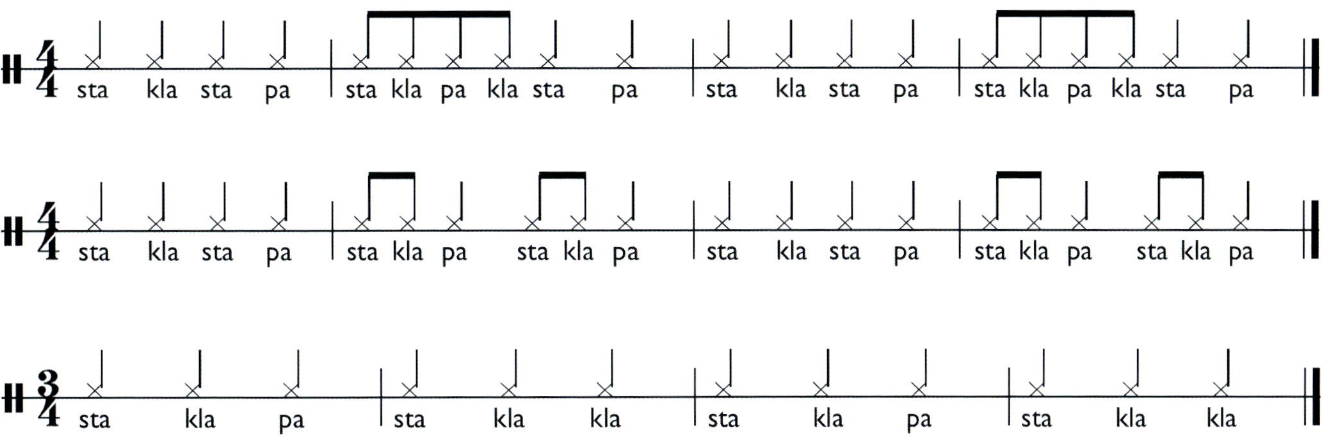

D KLATSCHEN & STAMPFEN & PATSCHEN & SCHNIPSEN

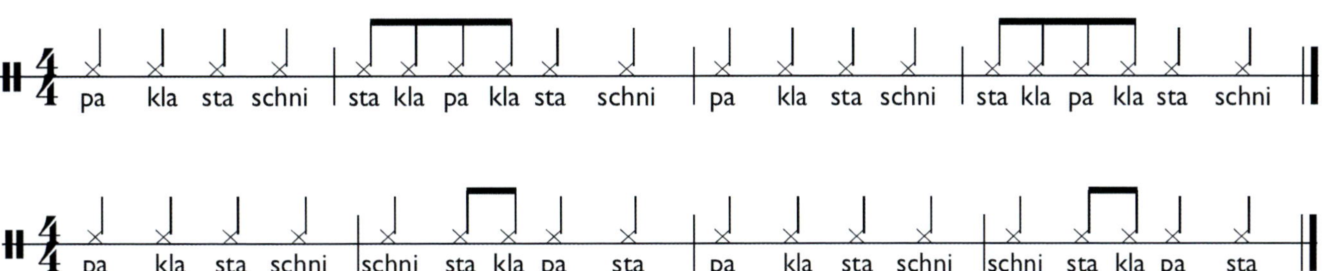

INKLUSIONS-Tipp

Nach und nach übernehmen zwei oder drei Schüler pro Stunde das Vormachen der Pattern. Auf diese Weise geht der Unterricht gleich los, die Schüler fokussieren sich auf die jeweilige Leitperson.

Hier sind wirklich alle Schüler der Lerngruppe als potenzielle Vormacher gemeint: Die Rhythmus-Cracks, die motorisch eher Ungeschickten, die Langsamen, die Schüchternen usw.

KREATIV-Tipp

Eine Weiterverarbeitung dieser rhythmischen Vorschläge in anderen Aktionen ist gut möglich. Eigene Ideen sind sehr erwünscht und sollten so viel und so oft wie möglich ausprobiert werden!

Elemente wie Kopfticken, Ohrläppchen ziehen (das eigene!), außerdem überkreuz, oben/unten, auf der Schulter des linken Nachbarn usw. erweitern das Repertoire, vertiefen und festigen unterhaltsam die rhythmischen Fertigkeiten. Dabei nur auf dem rechten Bein stehen - auf dem linken Bein stehen ...
Die Hinzunahme der Bein-Aktivitäten fördert die Psychomotorik, die Körper-Balance, aktiviert weitere Muskelgruppen, den Körpertonus und gibt eine andere Perspektive auf die rhythmische Aktion: Sie verlagert den Fokus vom isolierten Pattern hin zum ganzkörperlichen Einsatz, bringt mehr Präsenz und Festigung des Pattern ins Spiel sowie sehr viel freudiges Lachen in die Runde!

Erfinden Sie weitere Rhythmen und Body-Sounds nach diesem Prinzip.

AKTION 8 Klatsch mit Nachbarn

Tipp: Spielen Sie diese Aktion auch zu den (Audio-)Tracks 8 - 10 der DVD!

Sitz- oder Stehkreis. Anzahl der Schüler lässt sich durch ZWEI teilen. Blickrichtung Kreismitte. Jeweils zwei Schüler, die nebeneinander sitzen oder stehen, bilden die Partnergruppe A. Drehen sich beide Schüler um 180°, bilden sie mit dem nun neuen Partner die Partnergruppe B.

START

Alle schlagen den gemeinsamen Groove mit Wiederholung:

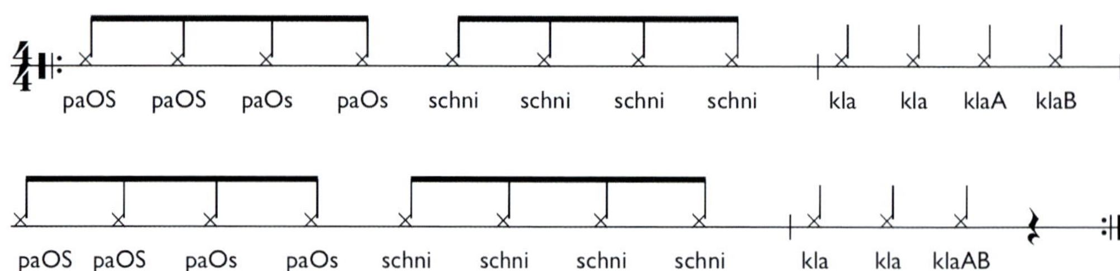

paOS	auf den Oberschenkeln patschen
schni	schnipsen
kla	in die eigenen Hände klatschen
klaA	Partnerklatsch mit erstem Nachbarn
klaB	Partnerklatsch mit anderem Nachbarn
klaAB	Partnerklatsch mit beiden Nachbarn gleichzeitig *(s. Foto)*

VARIANTE A

Die Partnergruppen A gestalten gemeinsam eine viertaktige Schlagfolge. Hier haben z. B. auch die bei vielen Schülern immer noch beliebten Kinderklatschspiele ihren Platz. Für diese Sequenz muss gesonderte Übungszeit bereit gestellt werden.

VARIANTE B

Das Gleiche geschieht in den Partnergruppen B.

ABLAUF

- acht Takte gemeinsamer Groove
- vier Takte Variation mit jeweiligem Partner A
- acht Takte gemeinsamer Groove
- vier Takte Variation mit jeweiligem Partner B
- von vorn beginnen

INKLUSIONS-Tipp

Anstatt der Drehbewegungen (Partnerklatsch) kann auch jeder den gemeinsamen Groove allein durchführen. Die letzten beiden Viertel in Takt 2 und das dritte Viertel in Takt 4 könnten z. B. auch gestampft werden.

KREATIV-Tipps

- Die Takte 1 und 3 bleiben unverändert, die Viertelschläge in Takt 2 gestalten die Partnergruppen A gemeinsam, die Viertelschläge in Takt 4 die Partnergruppen B.
- Zusätzlich zu den Partnervariationen wird eine Gruppenimprovisation durchgeführt *(s. Aktion 17)*.

AKTION 9 Im Handumdrehen

START *(Abb. 2)*

Die Schüler strecken ihre linken Arme leicht nach vorn und drehen die Handflächen nach oben. Mit der rechten Hand klatschen sie von oben in die Handfläche ihres rechten Nachbarn:

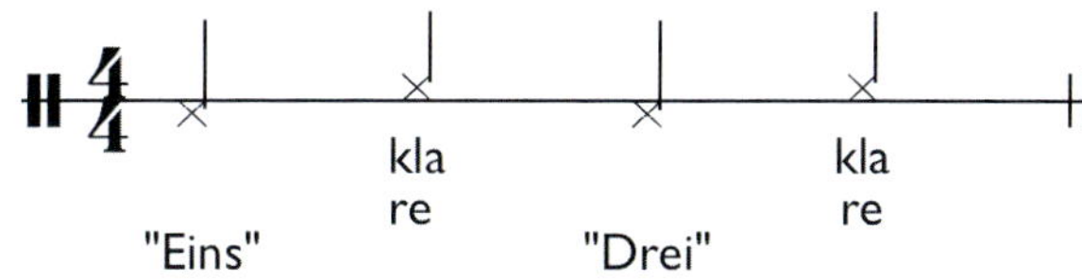

VARIANTE A *(Abb. 1 - 2)*

Anschließend auf den Zählzeiten „Eins“ und „Drei“ in die eigenen Hände klatschen:

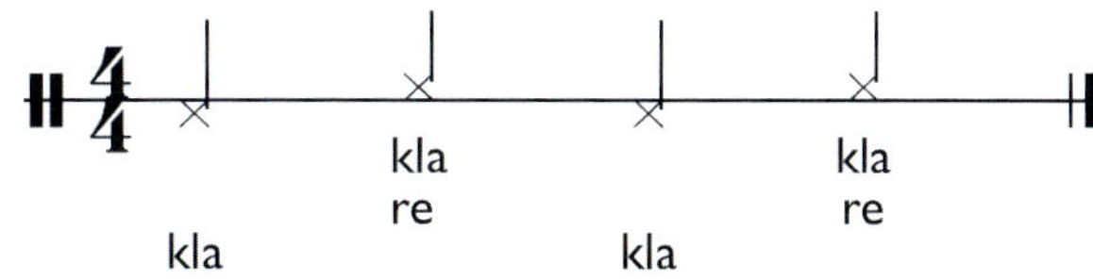

VARIANTE B *(Abb. 1 - 4)*

Wenn das gut funktioniert, werden auf der Zählzeit „Vier“ schnell die „Hände gedreht“:

rechte Handfläche nach oben drehen und leicht nach vorn halten, mit der linken Hand in die Handfläche des linken Nachbarn klatschen

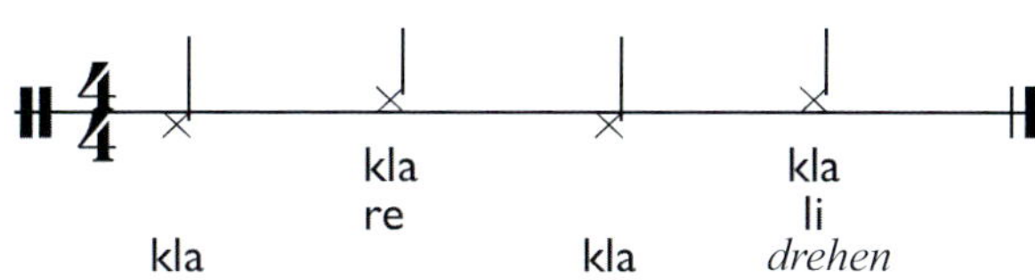

KREATIV-Tipps

- im Wechsel mit einem Partner klatschen
- für Fortgeschrittene: Zusätzlich zu den Klatsch-Sounds mit den Füßen im Kreis nach rechts gehen

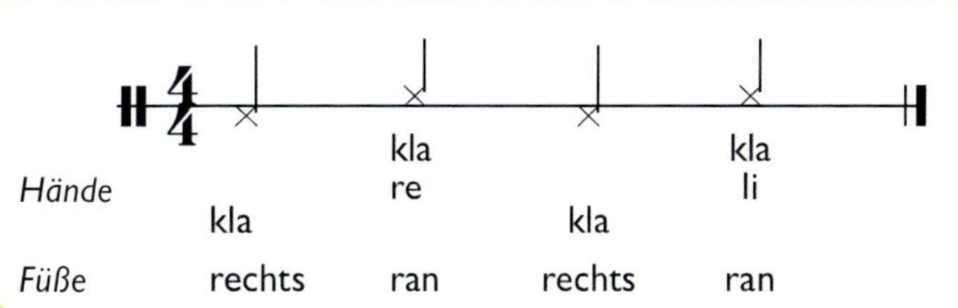

AKTION 10 Spiele mit Morsezeichen

Das Morsealphabet ordnet den 26 Buchstaben bestimmte Zeichen und Pausen zu. Diese können wunderbar in eigene rhythmische Übungen oder Arrangements verwandelt werden. Pausen und Notendauern werden dabei nicht berücksichtigt.

A	● —	J	● — — —	S	● ● ●
B	— ● ● ●	K	— ● —	T	—
C	— ● — ●	L	● — ● ●	U	● ● —
D	— ● ●	M	— —	V	● ● ● —
E	●	N	— ●	W	● — —
F	● ● — ●	O	— — —	X	— ● ● —
G	— — ●	P	● — — ●	Y	— ● — —
H	● ● ● ●	Q	— — ● —	Z	— — ● ●
I	● ●	R	● — ●		

Punkt und Strich müssen unterschiedlich ausgeführt werden.
Beispiel: ● klatschen — schnipsen

START Morsezeichen „K" und Body-Sounds an die Tafel schreiben:

K = — ● —

schni kla schni

Mittels Vor- und Nachmachen wiederholen. Ein Kind zeigt ggf. an der Tafel mit.
Bei Bedarf weitere Beispiele an der Tafel notieren und in gleicher Weise anleiten.

VARIANTE A Austeilen der Morsekärtchen *(Seite 37):*

- Findet den Buchstaben, mit dem euer Vorname beginnt.
- Übt ihn mit Hilfe der beiden Body-Sounds ein.
- Jedes Kind klatscht/schnipst reihum den ersten Buchstaben seines Vornamens.

VARIANTE B Ein Kind klatscht / schnipst wie bei START, die Klasse wiederholt jeweils.
Zwischen den verschiedenen Teilen sollen keine Pausen entstehen.
Herausforderung: Es besteht kein gleiches Taktmaß!

VARIANTE C Alle Buchstaben des Vornamens werden geklatscht / geschnipst.
Dabei hat es „Lara" von der Menge der Zeichen her leichter als „Jonathan". Dieser darf sich - wenn gewünscht - auch „Jojo" nennen. Im Bewegungsfluss müssen beide sein!

VARIANTE D Zwischendurch ein unterhaltsames Ratespiel: Ein Kind klatscht / schnipst ein Morsezeichen freier Wahl, die Klasse findet heraus, um welchen Buchstaben es sich handelt.

Die Schüler müssen nicht nur agieren, sondern ebenfalls genau hören und analysieren um die Lösung zu finden. Anschließend muss noch schnell die Morsetabelle durchsucht werden. Nach mehreren Durchgängen erweisen sich hier einige Schüler als wahre Hör- / Aufspür-Talente.

VARIANTE E Die Klasse stellt eine Morse-Klatschfolge zusammen, in der alle ersten Buchstaben der Vornamen der Schüler vorkommen und bringt diese in eine verabredete Reihenfolge.

Da sich einige Buchstaben wiederholen, verringert sich die Anzahl der rhythmischen Figuren. Diese werden gemeinsam mit dem zugehörigen Buchstaben untereinander an der Tafel notiert.

Rechts die Anfangsbuchstaben der Kinder unserer DVD ...

I	● ●
A	● —
L	● — ● ●
P	● — — ●
J	● — — —
N	— ●
C	— ● — ●
D	— ● ●

Ausführungen:

- Die ganze Klasse klatscht/schnipst die Pattern von oben nach unten durch.
- Die ganze Klasse klatscht/schnipst die Pattern von unten nach oben durch.
- Nur die Schüler klatschen/schnipsen, deren Vornamen-Pattern an der Reihe ist.
- Ein Kind zeigt mit einem Zeigestock auf ein beliebiges Pattern: alle Schüler mit entsprechendem Vornamen klatschen/schnipsen.
- Die Buchstaben werden weggewischt: Wer hat sein Pattern abgespeichert?

KREATIV-Tipp

Jeder sucht sich ein beliebiges Morsezeichen *(von Seite 37)* und notiert es auf einem Kartenstreifen.

Verschiedene Gruppen werden gebildet, die eine Patternfolge erstellen und einüben:

Alle, die in einer Tischgruppe sitzen; alle mit einer Brille; alle, die eine blaue Jeans tragen; alle, die in den letzten Ferien im Ausland waren ... Oder ganz klassisch: Zu zweit, zu dritt, zu viert ...

Jetzt dürfen auch Pausen eingefügt werden.

AKTION 11 Klatsch!

Der Leiter hält seine Hände „karatemäßig" parallel vor den Körper. Die Schüler ebenfalls.
Nach kurzer Konzentration schlägt der Leiter seine Hände aneinander: Ein lauter Klatscher ertönt.

Die Schüler sollen den Impuls des Leiters spüren und zur gleichen Zeit klatschen.

Diese Übung erfordert eine intensive Körperspannung und Aufmerksamkeit. Dabei leicht die Knie beugen.

AKTION 12 Spiele mit Namen

Sitzkreis. Alles, was gesprochen wird, wird gleichzeitig geklatscht! Bei zunehmend sicherer Beherrschung das Mitsprechen weglassen.

START

Abwechselnd klatscht jeder reihum so oft, wie sein Vorname Buchstaben hat (bei Doppelnamen darf einer ausgewählt werden). Der jeweils erste Klatscher wird betont. Zwischen den Vornamen soll keine Pause entstehen. Ich kann mich also nicht auf eine immer gleichbleibende rhythmische Klatschfolge verlassen, sondern muss aufmerksam sein und genau wissen, wie meine Nachbarin zur Linken oder zur Rechten heißt. In beide Richtungen ausprobieren!

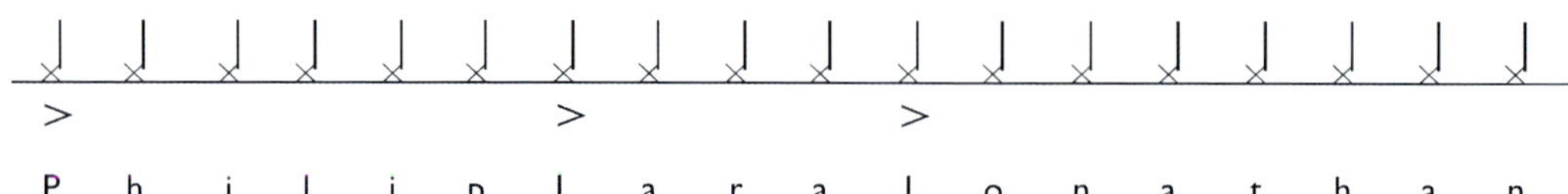

VARIANTE A

Die Silben des eigenen Vornamens rufen und simultan klatschen!

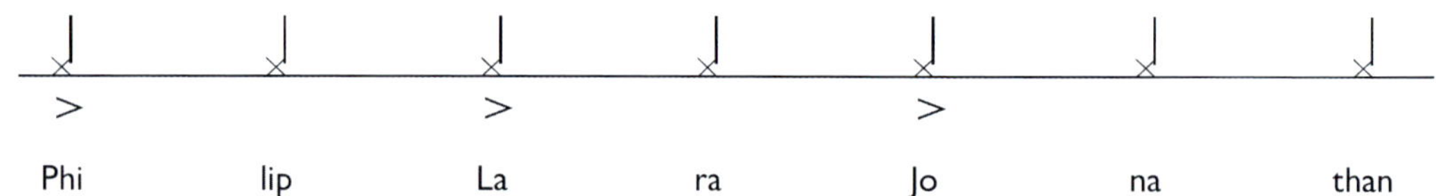

VARIANTE B

Die Konsonanten des eigenen Vornamens rufen und klatschen!

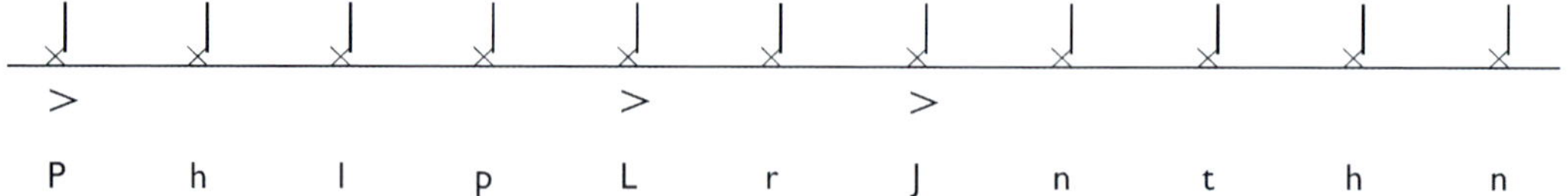

INKLUSIONS-Tipp

Für jeden Schüler eine eigene Namenskarte (in Druckbuchstaben) anfertigen und entsprechend zugeordnet auf den Boden legen.

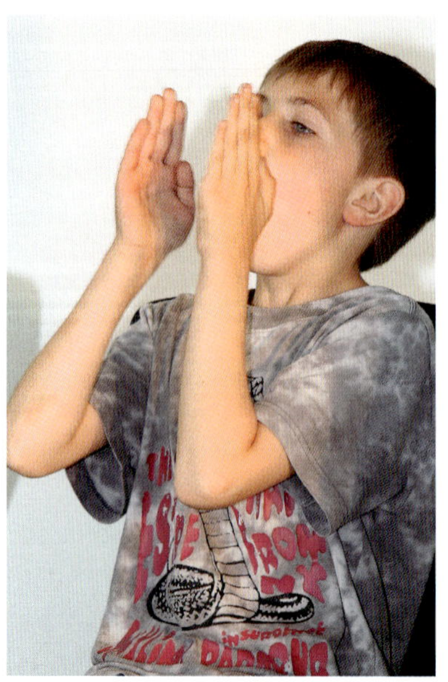

AKTION 13 Zahlenreihen

Eine elementare Aktion um die rhythmischen Fähigkeiten zu verbessern, die Aufmerksamkeit zu trainieren, im Metrum zu blieben und die Bewusstheit für rhythmische Abläufe zu erhöhen.

Die Übung wird als Modell zuerst im Klassenverband durchgeführt.
Lehrkraft schreibt an die Tafel: 1 2 3 4
Was können wir mit diesen Zahlen machen? Hier einige Beispiele von Schülern:

START Jede Ziffer erhält einen besonderen Body-Sound, z. B.:

1 stampfen
2 patschenOs
3 klatschen
4 schnipsen

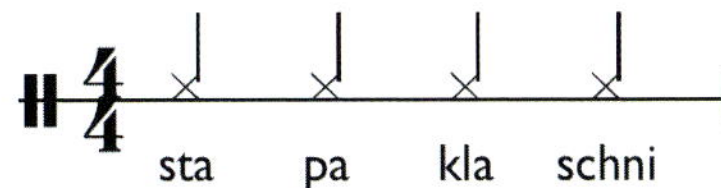

VARIANTE A Eine der Ziffern wird durch einen Vokal-Sound ausgeführt, z. B. :

1 rufen „Ha!"
2 patschen
3 klatschen
4 schnipsen

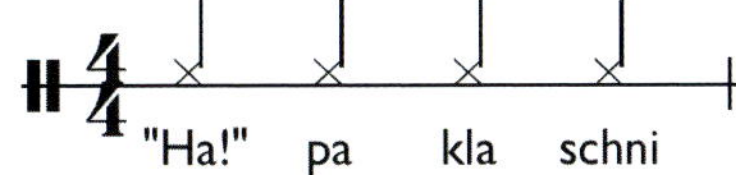

VARIANTE B Die Sounds werden entsprechend der Höhe der Zahl ausgeführt, z B.:

1 einmaliges „Ha!"
2 zweimaliges Patschen
3 dreimaliges Klatschen
4 viermaliges Schnipsen

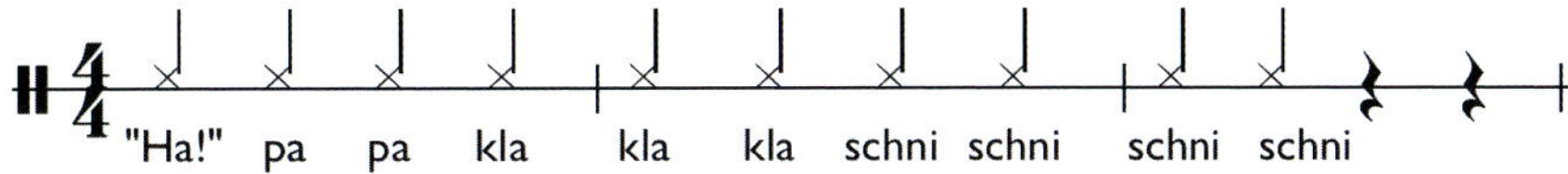

Anmerkung:
Alle Beispiele werden in unterschiedlichen Tempi ausgeführt.
Start-Tempo ist immer das Tempo, das von jedem Schüler ausgeführt werden kann.

INKLUSIONS-Tipps

- Differenzierungsaspekt: Eine Gruppe spielt wie geübt in Vierteln, Fortgeschrittene spielen gleichzeitig im doppelten Tempo (in Achteln)
- zwei Gruppen bilden: Eine spielt START oder VARIANTE A - die andere VARIANTE B

KREATIV-Tipps

- Phasenverschiebung. Die Ziffern verschieben sich in ihrer Reihenfolge. Eine Gestaltungsidee im Stil der Minimal Music. Jeder Pattern-Takt wird mehrmals wiederholt, bevor es zum nächsten geht. Dies kann auch zeitlich festgelegt werden. Jeder Takt wird z. B. eine Minute lang gespielt:

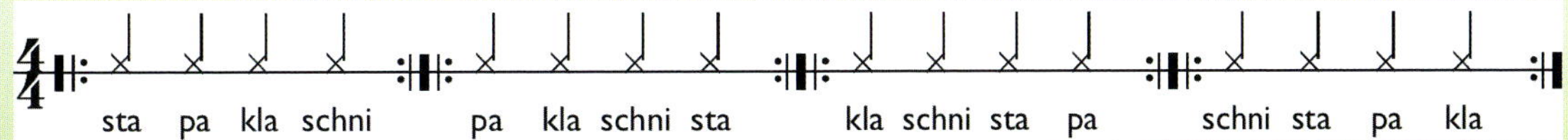

- Vokal-Aktion: jeweils die Zahlen in Deutsch, Englisch oder in den in der Klasse vertretenden Herkunftssprachen rufen! Weitere Kombinationen mit den vier Zahlen und deren Verschiebung finden

Aktion 14 Warm Up-Kanon

Dieser Body-Percussion-Kanon aus den 90er Jahren ist mittlerweile ein Klassiker.

Er ist gut überschaubar, bezieht sich auf Basis-Techniken, ist in seinen Teilen schnell einstudiert und besitzt einen hohen Motivationsfaktor. Daher darf er auch hier nicht fehlen. Die praktische Erfahrung zeigt übrigens: Die Zahl der Ausführenden ist nahezu unbegrenzt!

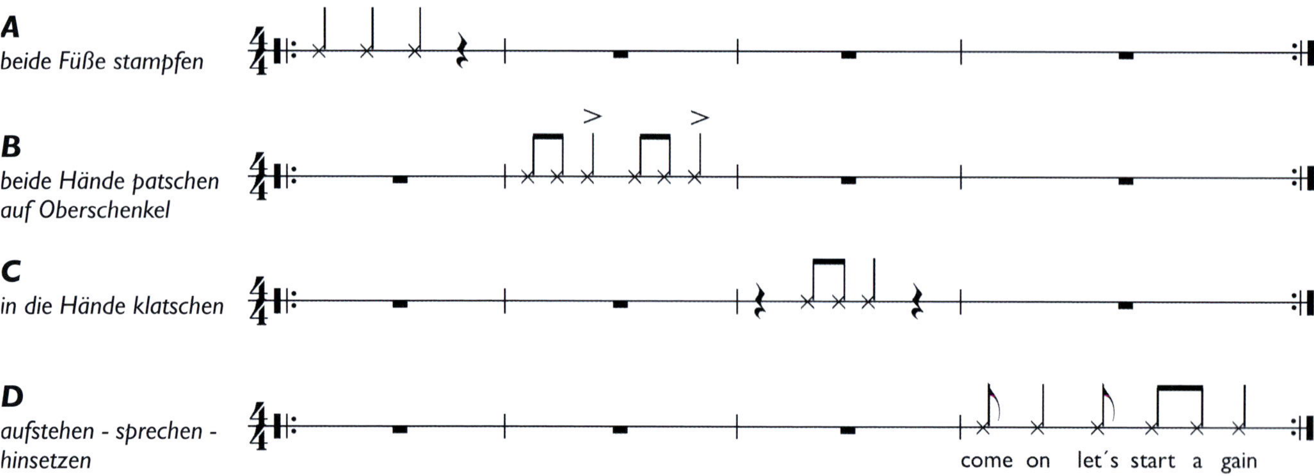

A Das Stampfen kann mit beiden Füßen zugleich oder auch abwechselnd ausgeführt werden. So, wie es die Schüler am sichersten können. Zu Beginn werden einige Schüler noch viermal stampfen.

B Das Patschen im Kniebereich stellt in der Regel kein Problem dar. Die Akzente sollen gut herausgearbeitet werden. Tipp: Nicht die Akzente auf den Vierteln verstärken, sondern die Achtel leiser patschen. Dann gibt es auch weniger Klagen über „blaue Flecke"!

C Die Hände sollen stetig in Bewegung bleiben um den Flow aufrecht zu erhalten. Dazu beide Arme seitlich auswärts führen und zum Klatschen wieder vor dem Bauch zusammenbringen. Diese Aktion ist gleichzeitig etwas Schönes fürs Auge.

D Ein Tipp zum Aufstehen: Auf „Come" mit den Händen auf die Knie patschen und gleichzeitig ruckartig aufstehen. Das gibt häufig die zum Hochschnellen nötige Energie. Die Worte sollen kraftvoll gesprochen, aber nicht gebrüllt werden. Mit der Betonung des „-gain" muss sich schnell wieder hingesetzt werden

Anmerkungen:

Die Klasse sollte das Stück auch ohne Unterstützung der Lehrkraft ***einstimmig*** *durchführen können.*
Es werden sich auch Schüler melden, die das Stück solistisch versuchen wollen: Unbedingt zulassen!
Als Kanon ***zweistimmig*** *und bei guter Übung* ***vierstimmig*** *probieren.*
Zum Üben können die vier Teile jeweils abwechselnd von zwei oder vier Gruppen vorgetragen werden.

- Sitzkreis, zu viert abzählen: Alle Einser bilden eine Gruppe, alle Zweier usw.
- Alle sitzen auf einem Stuhl verstreut im Raum. Jeder Schüler hat „seine" Gruppennummer.
- Schüler/innen sitzen frontal in Reihen hintereinander.
  Eine oder verschiedene Reihen bilden eine Gruppe.

AKTION 15 3er zu 2t

Eine witzige Übung aus dem Bereich Darstellendes Spiel:

Zwei Partner stehen sich gegenüber. Sie müssen sich sehr gut untereinander abstimmen.

START	Lautes Zählen im Dreiertakt:	Schüler A	„Eins“	
		Schüler B	„Zwei“	
		Schüler A	„Drei“	
		Schüler B	„Eins“	
		Schüler A	„Zwei“	
		Schüler B	„Drei“	...
VARIANTE A	Zählzeit „Eins“ durch Body-Sound ersetzen:			
	Beispiel:	Schüler A	klatsch	
		Schüler B	„Zwei“	
		Schüler A	„Drei“	
		Schüler B	klatsch	
		Schüler A	„Zwei“	
		Schüler B	„Drei“	...
VARIANTE B	Zählzeit „Zwei“ durch Bewegung ersetzen:			
	Beispiel:	Schüler A	klatsch	
		Schüler B	Körperwelle seitlich	
		Schüler A	„Drei“	
		Schüler B	klatsch	
		Schüler A	Körperwelle seitlich	
		Schüler B	„Drei“	...
VARIANTE C	Zählzeit „Drei“ durch Geräuschwort ersetzen:			
	Beispiel:	Schüler A	klatsch	
		Schüler B	Körperwelle seitlich	
		Schüler A	„Huiiiiii“	
		Schüler B	klatsch	
		Schüler A	Körperwelle seitlich	
		Schüler B	„Huiiiiii“	...

Anmerkung:
Durch den Dreiertakt wechseln stetig die Rollen. Dies verlangt hohe Präsenz und Genauigkeit der Ausführenden. Es kostet schon einige Übung und Fokussierung, um in den Flow zu kommen.

INKLUSIONS-Tipp

Die Partner bestimmen Tempo, Bewegungen und Geräusche selbst. Sie wählen das, was sie sicher beherrschen.

Aktion 16 Handshake

Partner stehen einander gegenüber:

1 einander mit den Handflächen der jeweils rechten Hand abklatschen *(„Vorhand" in Bauchhöhe)*

2 Bewegung zurück: Die Handrücken (jeweils rechte Hand) klatschen sich ab *(„Rückhand" in Bauchhöhe)*

3 Partnerklatsch mit beiden Händen in Kopfhöhe

4 Partnerklatsch mit beiden Händen gekreuzt in Kopfhöhe

5 gegenseitig die rechte Hand des Partners in Brusthöhe greifen *(Finger verhaken sich, halten auch bei 6)*

6 gegenseitig die linke Hand des Partners darunter greifen *(in Bauchhöhe)*

7 einander mit den Handflächen der jeweils rechten Hand abklatschen *(„Vorhand" in Bauchhöhe)*

8 „cooler" Partnerklatsch mit der rechten Hand *(in Schulterhöhe)*

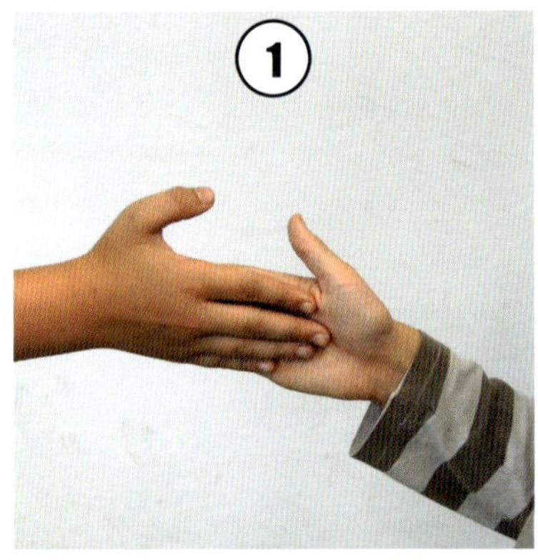

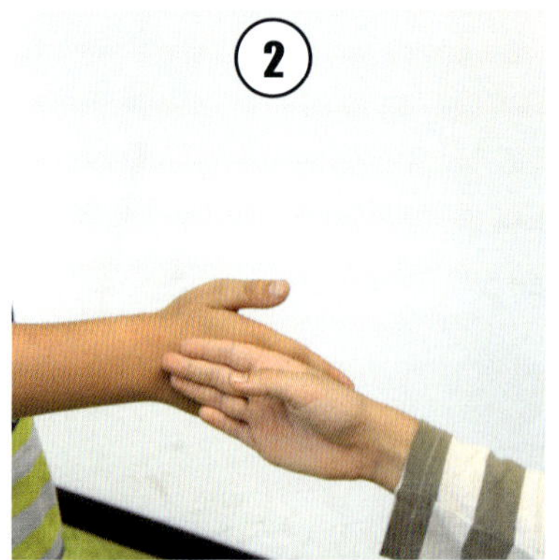

KREATIV-Tipps

Die Gruppe steht im Kreis.

- Auf der Zählzeit „Acht" um 180° springen und den Handshake mit dem nun neuen Partner ausführen.
- Auf den Zählzeiten „Sieben" und „Acht" gehen beide Partner seitlich an sich vorbei und beginnen von vorn mit einem nun neuen Partner. Auf diese Weise wird jeweils der übernächste Schüler im Kreis begrüßt.

Part II

Arrangements für die Gruppenarbeit

Aktion 17 Gruppen - Improvisation

Im Sitzen oder Stehen. Diese Übung ist schnell organisiert und kann immer wieder zwischendurch stattfinden. Die Schüler lernen, die Übung selbstständig durchzuführen. Sie sollen ein Gefühl für Aufbau und Ablauf von Stücken bekommen. Gleichzeitig probiert sich jeweils ein Kind in der Führung einer Gruppe aus.

- Alle improvisieren zur gleichen Zeit je nach Belieben.
- Nach 4 Takten zählen Sie laut und deutlich wieder den gemeinsamen Rhythmus an.

ABLAUF

- 4 Takte Pa-Kla-Schni-Schni *(s. Aktion 1)*
- 4 Takte Gruppen-Improvisation
- 4 Takte Pa-Kla-Schni-Schni
- 4 Takte Gruppen-Improvisation
- 4 Takte Pa-Kla-Schni-Schni
- „Schluss!“ (vokal + gleichzeitig einmal auf „Eins“ klatschen)

Pa-Kla-Schni-Schni	Gruppen-Impro.	Pa-Kla-Schni-Schni	Gruppen-Impro.	Pa-Kla-Schni-Schni	Schluss auf „Eins“

Statt die Anzahl der Takte anzugeben, kann die Anzahl der Durchgänge des Pattern vorgegeben werden, z. B.: „Spielt vier mal Pa-Kla-Schni-Schni!“, dann folgt die Improvisation.

Die Anzahl der Takte der Improvisation kann bei Bedarf auch verlängert werden.

Später zählt ein Schüler laut das gemeinsame Pattern wieder ein: „Eins - Zwei - Drei - Vier“.

Die Gruppe soll Wert auf den gemeinsamen Schluss legen.

Anmerkung:

Diese Improvisationsart ist auch gut geeignet, nach einer anstrengenden rhythmischen Arbeitsphase kurz Dampf abzulassen und selbstbestimmt zu agieren. So lebt die Gruppen-Improvisation vom Wechsel von Spannung und Entspannung, von gebundenem Spiel zu freiem Spiel.

INKLUSIONS-Tipp

Jedes Kind kann während der Gruppen-Improvisation neue Body-Sounds, andere Rhythmen, schwankende Tempi, fff-Spiel usw. für sich ausprobieren. Somit sind alle Schüler aktiv beteiligt. Vielleicht entdeckt ein Kind für sich interessante Möglichkeiten, die es der Klasse oder Gruppe anschließend in einem Solo vorstellen will. Oder: Es agiert nur für sich allein. Soli sollten grundsätzlich auf freiwilliger Basis stattfinden.

Aktion 18 Schneeball

Eine meiner Lieblingsübungen, weil sie einfach zu organisieren ist und die Schüler zu großen rhythmischen Taten anstiftet. Diese Übung fördert zusätzlich intensiv die Kooperation der Schüler untereinander. Die notwendigen Regeln werden in den Varianten A und B gelernt und auf alle weiteren Varianten übertragen. Die Grundstruktur lässt sich auch im so genannten Kooperativen Lernen wiederfinden.

Die Aktion verläuft in maximal sechs Varianten. Rhythmus-Pattern und Body-Grooves werden schrittweise in verschiedenen Gruppenkonstellationen immer differenzierter durchgearbeitet und so verändert, dass am Ende ein gemeinsames Body-Percussion-Stück steht, an dem jeder Schüler aktiv teilhat und das so von allen Teilnehmenden getragen wird. Das Ergebnis ist ein ganz eigener, unverwechselbarer Klassen-Groove.

In den Varianten A bis C werden die Gruppen mit 5 - 10 Minuten Entwicklungszeit auskommen, später benötigen sie etwas mehr Zeit. Nach jeder Phase findet eine Präsentation der jeweiligen Ergebnisse statt.

START Warm Up - vor allem die Aktionen 1 und 4

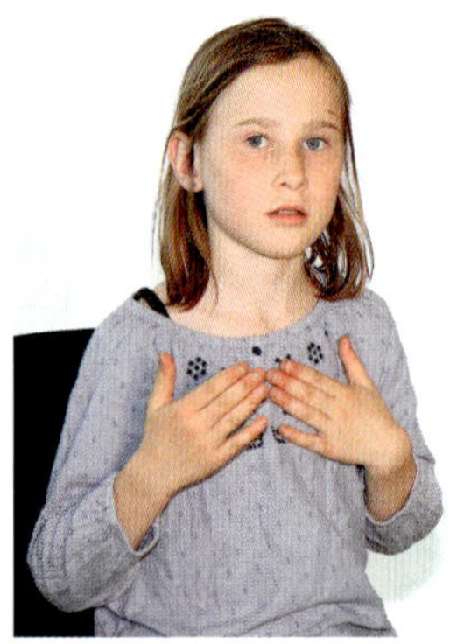

VARIANTE A Einzelarbeit

Jeder Schüler überlegt sich ein einfaches Rhythmus-Pattern.
Einzige Bedingung: Er muss seine Idee mehrmals wiederholen können.
Anmerkung: In der Regel werden die Pattern von den Schülern selbst eintaktig gestaltet. Sie können dies aber auch zur Vorgabe machen.

VARIANTE B Partnergruppen

Die Schüler erfinden zu zweit ein ein- oder zweitaktiges Rhythmus-Pattern. Von jedem Partner muss ein kleines rhythmisches Motiv aus seinem ursprünglichen Pattern (A) dabei sein. Auch dieses Pattern muss mehrfach wiederholt werden können.

Anmerkung: Keiner der beiden Partner kommt unvorbereitet in die gemeinsame Arbeit. Auch der Druck, quasi aus dem Nichts ein Pattern zu zaubern, entfällt, weil jeder seine Idee/n aus Variante A mit in die Partnerarbeit bringt. Die beiden Pattern können miteinander vermischt, mit neuen Ideen aufgefüllt, zweistimmig probiert oder einzeln hintereinander gesetzt werden.

VARIANTE C Vierergruppen

Aus jeweils zwei Partnergruppen werden Vierergruppen gebildet. Die Schüler erfinden zu viert ein kleines Body-Percussion-Stück. Von jedem Schüler muss eine Idee dazu vertreten sein. Das Stück muss mehrfach wiederholt werden können.

VARIANTE D Achtergruppen

Aus jeweils zwei Vierergruppen werden Achtergruppen gebildet. Die Schüler erfinden zu acht ein kleines Body-Percussion-Stück. Von jedem Schüler muss eine Idee dazu vertreten sein. Das Stück muss mehrfach wiederholt werden können.

Anmerkung:

Sollten Sie aus bestimmten Gründen das Ziel eines gemeinsamen Klassen-Groove nicht weiter verfolgen wollen, ist Variante D eine gute Möglichkeit, die Aktion zu beenden.

Bis hierhin haben die Schüler entscheidende soziale und musikalische Erfahrungen gesammelt. In dieser Variante machen einige Schüler auf sich aufmerksam, die einen Blick für die zielgerichtete Arbeit in einer Gruppe haben und diese entsprechend organisieren können. Als Lehrkraft stehen Sie unterstützend zur Seite.

INKLUSIONS-Tipps

- Jedes Body-Percussion-Stück ist nur so komplex, dass alle Teilnehmer einer Gruppe den Absprachen folgen können. Da nicht alle dasselbe ausführen müssen, sind hier Möglichkeiten für individuelle Stärken gegeben. Unterschiedliche Tempi, Pattern oder Formteile verschiedener Fertigkeitsstufen können miteinander kombiniert werden. Die nötigen Entscheidungen werden aus der Gruppe heraus getroffen. Dies ist ein intensiver inklusiver Moment des Unterrichts.
- Dass jeder ein kurzes Motiv seines eigenen Pattern beisteuern muss, verhindert den Druck vor allem zurückhaltender Schüler, sich unbedingt durchsetzen zu müssen und sich zu passiv zu verhalten. Dominierende Schüler sind aufgefordert, sich für die Ideen anderer zu öffnen.
- Um erfolgreich präsentieren zu können, müssen sich die Schüler in ihren individuellen rhythmischen Fertigkeiten abstimmen. Es nützt nichts, wenn Einer exzellente Body-Sounds gestaltet, ein Anderer aber nicht mithalten kann. Deshalb müssen aber noch lange keine in etwa gleich starken Gruppen gebildet werden! Der Prozess der gemeinsamen Abstimmung fordert von allen sowohl ein emotionales, soziales als auch ein motorisches Einlassen aufeinander. Aus diesem Prozess heraus entwickelt sich ein wichtiger Aspekt gemeinsamen Musikmachens.

KREATIV-Tipps

- Zwei Klassenhälften: Teilen Sie die Klasse zur Hälfte. Verfahren Sie nach dem bekannten Gestaltungsschema.
- Und zum Schluss das Ganze mit der ganzen Klasse! Sie haben es gemeinsam mit ihren Schülern geschafft: Herzlichen Glückwunsch! Während der gesamten Aktion haben Sie immer wieder ermutigt, unterstützt, geleitet und für einen sicheren Rahmen gesorgt. Aus verschiedenen kleinen Pattern und rhythmischen Ideen ist ein gemeinsames Body-Percussion-Stück der Klasse entstanden.

Aktion 19 Rhythm Up! - Die Klatschmaschine

Auch diese Aktion stammt ursprünglich aus dem Bereich Darstellendes Spiel und lässt sich ausgezeichnet auf die Arbeit mit Body-Percussion übertragen. Ich habe sie seit Jahren in meinem Programm und mit Teilnehmern allen Alters von 8 bis 120 Personen durchgeführt. Die Aktion ist ebenfalls hervorragend geeignet, die Zusammenarbeit im Team zu trainieren. Ebenfalls fördert sie viele musikalische Fertigkeiten: Beginnen, Durchhalten, Wiederholen, genau sein, Tempo- und Dynamikveränderungen umsetzen, den additiven Aufbau beachten ...

START

Ein Schüler geht in die Mitte des Aktionsraumes und ahmt die Bewegung einer frei erfundenen Maschine bzw. eines Teils davon nach und gestaltet dazu einen Body-Sound. Bewegung und Sound werden bis zum Ende der Aktion permanent wiederholt. Zusätzlich kann ein passendes Geräusch dazu imitiert werden.

Ein zweiter Schüler stellt, hockt, legt sich dazu und beginnt ebenfalls mit einer Bewegung und einem anderen Body-Sound. Die Aktionen beider Spieler können aufeinander Bezug nehmen oder isoliert für sich stehen.

Auf diese Weise gesellen sich alle Schüler nach und nach hinzu, führen jeweils eine eigene Bewegung und einen daran gekoppelten Body-Sound aus. Manchmal ist es auch interessant, wenn dieses Prinzip durchbrochen wird und drei Schüler nebeneinander stehend die gleiche Bewegung und den gleichen Body-Sound ausführen.

VARIANTE A

Die Maschine läuft und wird durch einen (vorher bestimmen) „Mechaniker" zum Stillstand gebracht. Die Akteure werden dabei sukzessive langsamer.

VARIANTE B

Der „Mechaniker" tickt jemanden - von den anderen unbemerkt - an, der seine Bewegungen schrittweise deutlich verlangsamt. Alle an ihn gekoppelten Maschinenteile verlangsamen ihre Bewegungen ebenfalls, bis die ganze Maschine still steht.

VARIANTE C

Die Maschine läuft an: Erst ganz langsam, dann immer schneller ...

VARIANTE D

Am Ende geraten alle Bewegungen aus dem Rhythmus, die Maschine springt auseinander und alle liegen lachend auf dem Boden. Wichtig: Vorher verordnen, dass kein Maschinenteil ein anderes schlagen darf! Auch nicht aus Versehen!

Aktion 20 Dance To The Rhythm*

Diese Aktion habe ich Anfang der 90er Jahre kennen gelernt und leicht verändert. Seitdem begleitet sie mich in der Arbeit mit den unterschiedlichsten Gruppen. Die Schüler erweitern nicht nur ihre Fertigkeiten in der Body-Percussion, die Aktion führt die Gruppe auch gleichzeitig zu einer interessanten Choreografie.

Das Arrangement wird zunächst mit der gesamten Gruppe eingeübt. Dabei wird am sinnvollsten Abschnitt für Abschnitt vorgegangen. Die vier Teile werden dann sukzessive zusammengesetzt.
Eine Schwierigkeit könnte das sogenannte Swing-Feeling des Stückes darstellen.

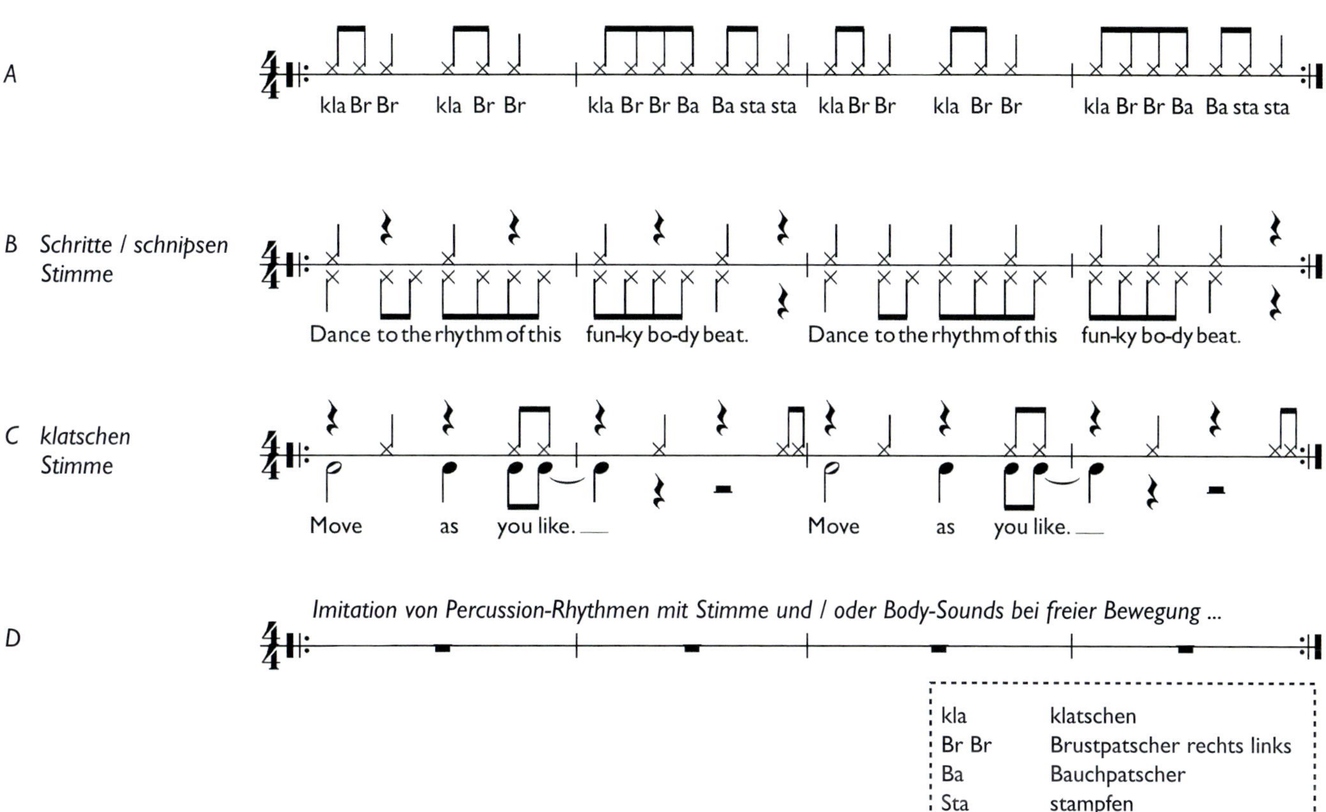

Im Teil B (Takt 1 und 2) gehen die Schüler im Halbe-Metrum in die Kreismitte. Auf jedem Schritt wird mit beiden Händen geschnipst (fortgeschrittene Gruppen können auch im Backbeat schnipsen). Die Schritte sollen eher klein sein, damit die Kreisform gewahrt bleibt. Zu große Schritte führen häufig zu Pulkbildungen. In den Takten 3 und 4 geht es dann im Viertel-Metrum rückwärts auf den eigenen Platz zurück. Dabei wird auf jedem Schritt geschnipst.

Teil D ist der Improvisationsteil. Die Schüler bekommen im Vorfeld hierfür Zeit zum Gestalten und Üben einer viertaktigen Body-Percussion-Choreografie zu zweit, zu dritt, zu viert ....
Hier kommen immer wieder gerne Kinder-Klatschspiele zum Einsatz.

Die Lehrkraft unterstützt die Gruppen in ihren Einsätzen, vor allem beim rechtzeitigen Übergang von Teil D wieder in den Teil A, zum Beispiel durch Einzählen: „Eins - Zwei - Drei - Vier".

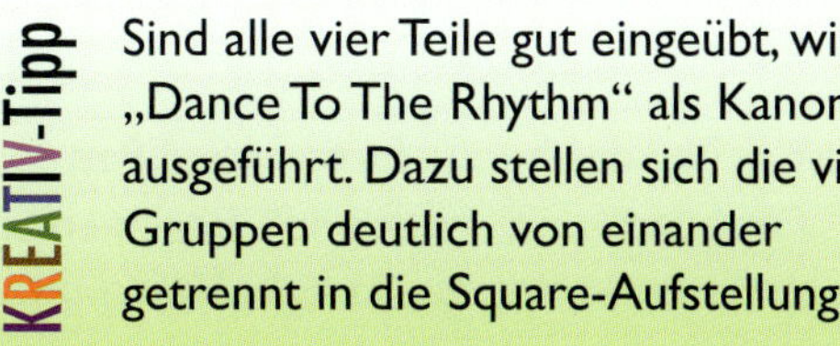

KREATIV-Tipp

Sind alle vier Teile gut eingeübt, wird „Dance To The Rhythm" als Kanon ausgeführt. Dazu stellen sich die vier Gruppen deutlich von einander getrennt in die Square-Aufstellung.

** nach einer Idee von Michael Widmer*

Aktion 21 Boing Boom Tschak!

Der Groove geht auf ein Stück der Gruppe Kraftwerk zurück. „Boing Boom Tschak" hat als Grundlage einen Standard-Groove auf dem Drumset. Er eignet sich wunderbar als rhythmische Begleitung für verschiedene Lieder und Popsongs.

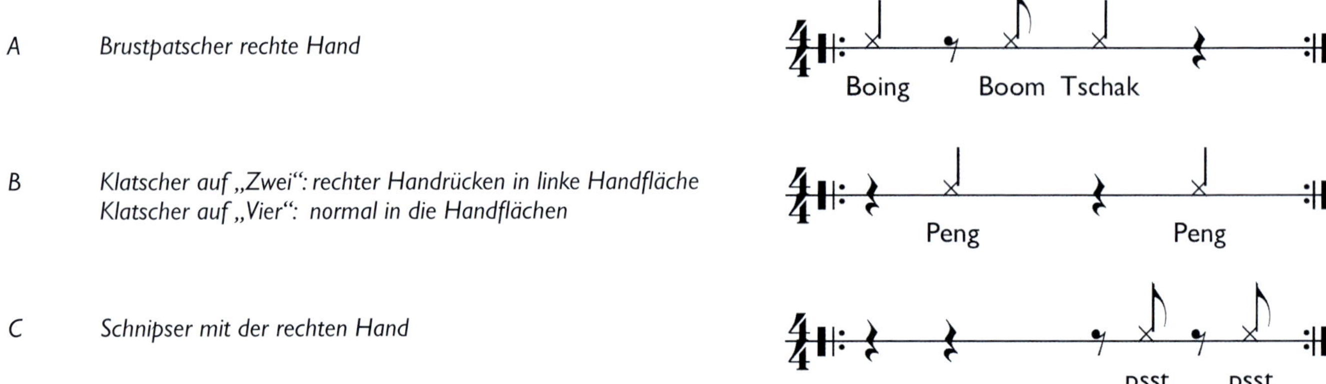

A *Brustpatscher rechte Hand*

B *Klatscher auf „Zwei": rechter Handrücken in linke Handfläche*
Klatscher auf „Vier": normal in die Handflächen

C *Schnipser mit der rechten Hand*

Die Einstudierung der Stimmen geschieht von oben nach unten. Lassen Sie sich und der Gruppe genügend Zeit und halten Sie das Tempo zunächst im langsamen bis mittleren Bereich. Die Wörter und Silben werden in den Erarbeitungsphasen immer mitgesprochen!

Stimme **A** *(auf dem Drumset die Bassdrum)*: Die Brustpatscher erfolgen mit der flachen Hand. Achten Sie darauf, dass die Schüler nicht „wischen" oder nur mit den Fingerkuppen antippen. Das ergäbe keinen Sound und verführt leicht zu einer oberflächlichen Spielweise, die sich auch auf die folgenden Sounds auswirkt.

Das „Boom" unterstützt maßgeblich den Flow des Pattern, muss später aber nicht von allen Schülern ausgeführt werden.

Stimme **B** *(auf dem Drumset die Snaredrum)*: Der Klatscher auf der Zählzeit „Zwei" wird mit dem Handrücken ausgeführt. Da die flache Hand vom Brustkorb kommt, müsste sie schnell gedreht werden, damit beide Handflächen aneinander klatschen. Das ist eine zusätzliche motorische Aktion, die zulasten von Zeit und Genauigkeit geht. Also: Vereinfachen und mit dem Handrücken der rechten Hand gegen die Handfläche der linken klatschen. Der Klatscher auf der Zählzeit „Vier" wird „normal" geschlagen und korrespondiert so motorisch mit Stimme C.

A *Brustpatscher rechte Hand*

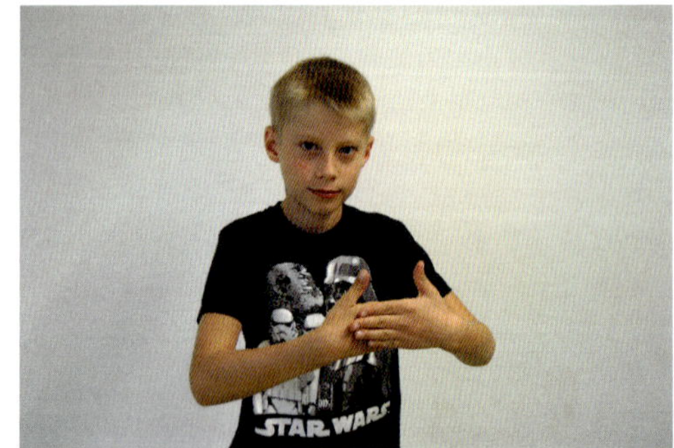

B *Klatscher auf „Zwei":*
rechter Handrücken in linke Handfläche

Stimme **C** *(auf dem Drumset die HiHat)* ist sicher das herausforderndste Pattern, denn die beiden Schnipser liegen auf den Grundschlag-fernen Zählzeiten „Drei und" und „Vier und". Beginnen Sie in Kombination mit den ersten beiden Stimmen mit dem letzten Schnipser. Er wirkt wie ein Auftakt. Wenn dies gefestigt ist, kommt die Zählzeit „Drei und" hinzu.

INKLUSIONS-Tipp

- Wird Stimme B allein oder ohne Kombination mit Stimme A gespielt, werden beide Klatscher „normal“ ausgeführt.
- „Boing Boom Tschak“ muss nicht jeder in der Klasse (sofort) können! Damit alle Schüler an der Aktion teilhaben, sucht sich jeder eine Stimme, ein vereinfachtes Pattern oder den kompletten Groove selbst aus. Das geht bis zur Reduzierung auf den Brustpatscher „Boing“.
- Unabhängig davon, was musiziert wird, es sollte so bewusst und genau wie möglich sein! Aus dem Zusammenspiel aller Klassenmitglieder entwickelt sich dann der eigene „Sound der Klasse“.

Zur Gestaltung des Stücks tragen noch zwei Breaks bei:

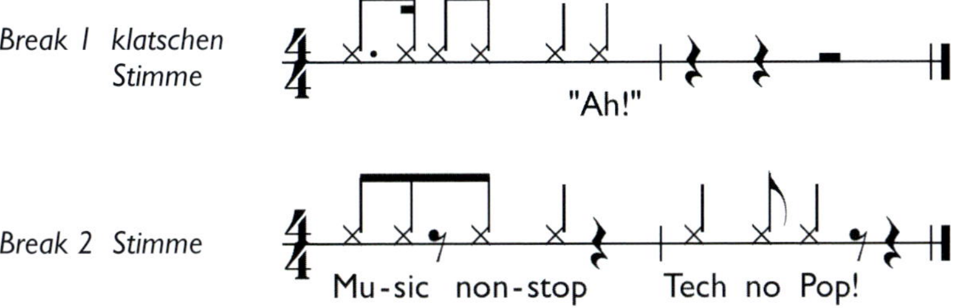

Die Breaks müssen rechtzeitig vorher angekündigt werden. Eine gute Methode für den Leiter ist, deutlich den Arm zu heben und zu warten, bis alle Spieler dies wahrgenommen haben. Dann wird laut eingezählt:

„Eins - Zwei - Drei - Break!“

Mit dem Einzählen wird simultan mit der anderen Hand das entsprechende Zeichen geformt, um anzuzeigen, welcher der beiden Breaks gespielt werden soll *(Break 1 = Daumen hoch / Break 2 = 2 Finger)*.

Break 2 ist auch gleichzeitig der Schluss.

Das Stück kann durch weitere Teile geformt werden: Während eines Solos begleitet die Klasse zum Beispiel mit Stimme A.

Der gesamte Groove ist dafür gedacht, von einer Person allein ausgeführt zu werden.

Der Groove wird noch intensiviert, indem dazu auf Vierteln oder Halben gegangen wird.

Aktion 22 Schlag auf Schlag

Sämtliche hier aufgeführten Rhythmen und Pattern sind austauschbar und sollten den unterschiedlichen motorischen Fertigkeiten der Schüler einer Klasse entgegen kommen. Weitere Pattern finden sich im Body-Percussion-Baukasten (Aktion 24).

START

Frei im Raum umhergehen; dabei im Viertel-Metrum locker schnipsen.
Nach acht Schritten stehen bleiben und folgendes Pattern ausführen:

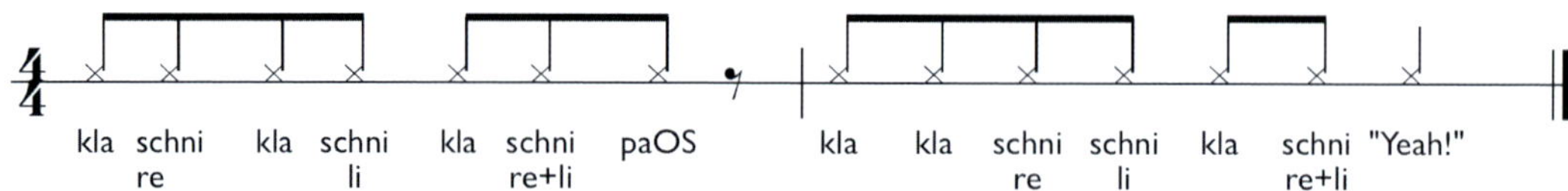

„Yeah!" = rufen und gleichzeitig energetisch mit einer Hand nach vorn zeigen. Am besten auf einen vorher ausgewählten Punkt im Raum. Ganze Aktion mehrmals wiederholen.

VARIANTE A

Die Schülerinnen und Schüler suchen sich jeweils einen Partner und führen folgende Schlagfolge aus:

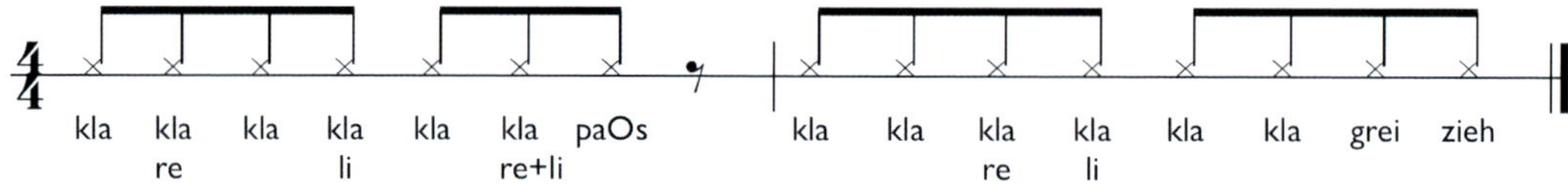

Variante A ist das gleiche Pattern wie bei START, allerdings mit zwei Veränderungen:

grei	rechte Hand des Partners greifen
zieh	mit schwungvollem Ziehen Platzwechsel ausführen

Das *„Yeah!"* wird durch die Aktion des Platzwechsels ersetzt. Partner-Klatschen ersetzt das entsprechende Schnipsen. Danach lösen sich die Partner voneinander, gehen acht Schritte (Viertel) im Raum und bleiben vor einem neuen Partner stehen.

Das Klatschspiel wird wiederholt. Während der Suche nach einem neuen Partner wird bei jedem Schritt mit einer Hand geschnipst. Hilfsspruch (Achtel) für das metrisch genaue Einhalten der acht Schritte:

„Weitergehen, um sich sehen, bis wir vor dem Nächsten stehen!"

KREATIV-Tipp

Gestaltung einer kleinen Szene:

Zwei Großgruppen (jeweils Klassenhälften) stellen sich in zwei Linien einander gegenüber.

Abstand: Von Wand zu Wand. Im Viertel-Metrum gehen die Gruppen langsam aufeinander zu und führen dabei Notation START aus.

Anschließend wird Notation VARIANTE A mit dem Partner ausgeführt, der direkt vor einem steht.

Die Gruppen gehen rückwärts in Vierteln zurück zur hinter ihnen liegenden Ausgangslinie. Dabei schnipsen. Die Aktion beginnt von vorn.

INKLUSIONS-Tipp

Wenn jemand nicht schnipsen kann, soll auf jeden Fall die entsprechende Bewegung vollzogen werden!

Aktion 23 Ensemble-Spiel - das eigene Stück

Alle Beteiligten haben fleißig geübt und immer wieder Body-Percussion-Aktionen durchgeführt. Nun wird es Zeit, diese in eine Form zu bringen und vielleicht sogar anderen zu zeigen.

Der Aufbau des eigenen Stücks folgt dabei einem einsichtigen Prinzip: Jedes Stück hat einen Anfang und ein Ende. Dazwischen passiert irgend etwas Interessantes. Hier ein beispielhaftes Arrangement:

EINSTIEG

Spieler A beginnt, nach jeweils einem Takt steigt der nächste Spieler ein und spielt das selbe Pattern. Ist der letzte Spieler eingestiegen, folgt eine (andere!) gemeinsame Schlussfigur:

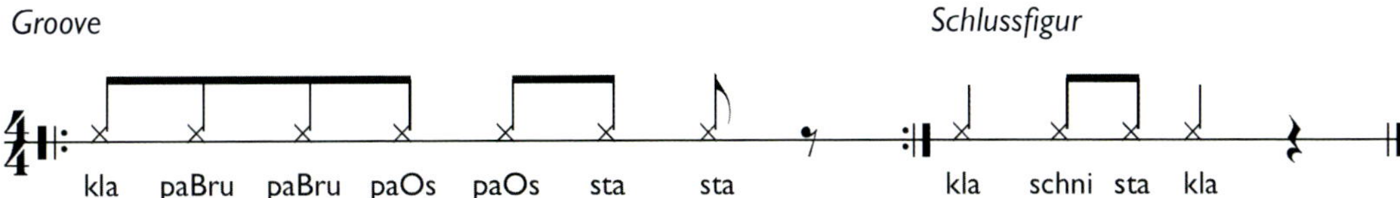

MITTELTEIL-VARIANTEN

- einen ein- oder mehrstimmigen Body-Groove spielen
- alle spielen gleichzeitig; jeder dabei seinen eigenen Body-Groove
- Lehrkraft zeigt auf ein, zwei oder drei Spieler *(rechtzeitig gestisch vorbereiten)*, die ihre Stimme weiterspielen, während alle anderen pausieren.
  Anschließend die Klasse wieder deutlich einzählen
  Solisten nach Interessantheit der Rhythmen, Zusammenpassen der Rhythmen, nach Klangfarben der Body-Sounds, Leistungsstärke usw. heraushören und bestimmen
- *schnell eine Gruppen-Improvisation einzählen, wenn alles im Chaos zu versinken droht …*
- Ein- und Ausstieg direkt aufeinander folgen lassen (auf den Mittelteil verzichten)

BREAK

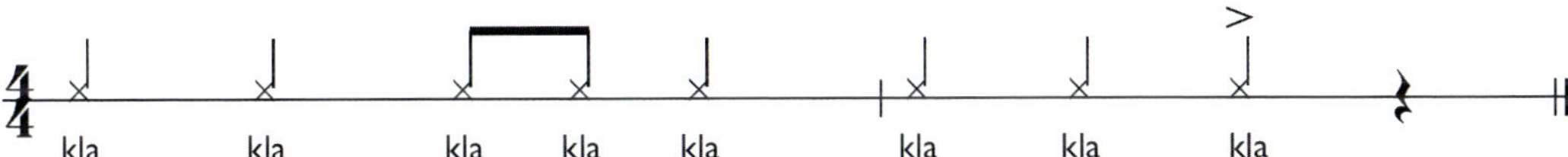

AUSSTIEG

Nach jeweils einem Takt setzt nach und nach ein Spieler aus. Der letzte Spieler spielt das Pattern dann alleine, danach folgt eine (andere!) gemeinsame Schlussfigur:

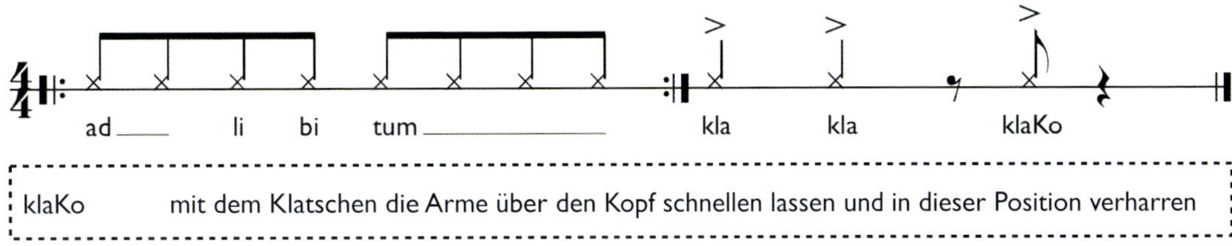

klaKo mit dem Klatschen die Arme über den Kopf schnellen lassen und in dieser Position verharren

KREATIV-Tipp

Alle Notationsvorschläge sind austauschbar. Hier kann - vor allem im Teil „Spielmöglichkeiten" - auf nahezu sämtliche Aktionen in diesem Buch zurück gegriffen werden.

Probieren Sie mit den Schülern so viele Varianten aus wie möglich.
Viel Spaß dabei!

Aktion 24 Body-Percussion-Baukasten

Die folgenden Pattern entstanden während der Projektarbeit mit Schülern. Sie dienen als Fundgrube und Alternativen für andere Aktionen oder eigene Stücke. Die Pattern dürfen verkürzt, vereinfacht oder differenziert werden.

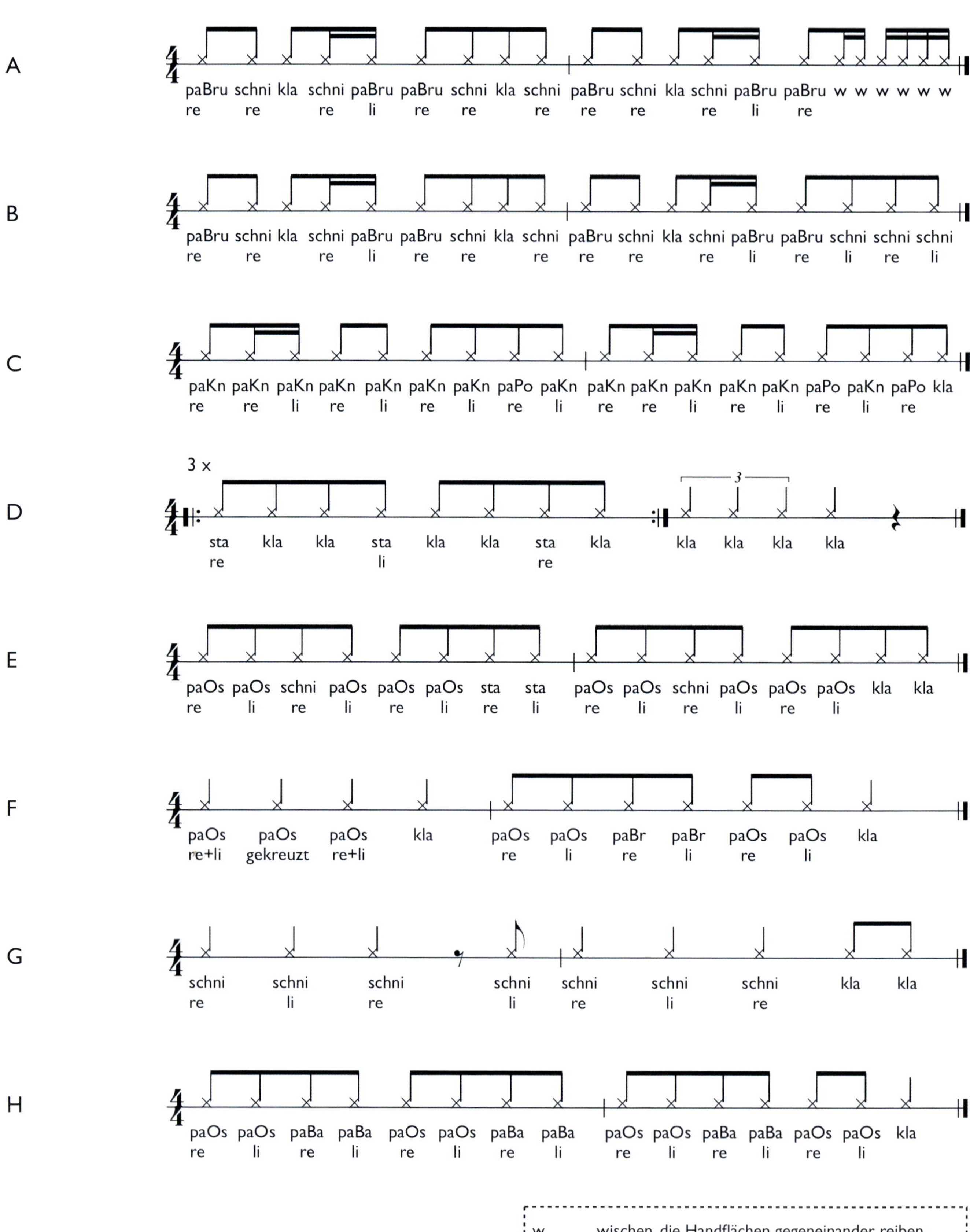

w	wischen, die Handflächen gegeneinander reiben
paKn	patschen am Knie
paPo	patschen am Po
paBa	patschen auf den Bauch

DAS MORSE-ALPHABET

A	• —	J	• — — —	S	• • •
B	— • • •	K	— • —	T	—
C	— • — •	L	• — • •	U	• • —
D	— • •	M	— —	V	• • • —
E	•	N	— •	W	• — —
F	• • — •	O	— — —	X	— • • —
G	— — •	P	• — — •	Y	— • — —
H	• • • •	Q	— — • —	Z	— — • •
I	• •	R	• — •	NAME	

DANKE AN

- Margarida Amaral, Salzburg
- Oliver Giefers, Köln
- Uli Moritz, Berlin
- Franz Sussmann
- Gerrit Wagner, Berlin
- Reinhold Wirsching, Salzburg

... und an Juli, Nelly, Darleen, Celina, Lara, Philip, Daniel, Jonathan, Leon, Angie, Inken und Janne, die mit viel Energie, Begeisterung in ihrer Freizeit die Videos eingeklatscht haben!

Weitere Publikationen

Schlagzeug spielen mit der ganzen Klasse

Von einfachsten Rhythmen
zu ersten Drum-Grooves

Ausgehend von einfachsten Rhythmus-übungen werden Step by Step grundlegende Grooves eingeführt.

Ohne Notenkenntnisse und auch für Kollegen ohne Schlagzeugkennt-nisse leicht realisierbar.

ISBN 978-3-944326-21-4

Media-Paket (Buch & CD) 24,80 €

Christmas-Popsongs Band 1

Weihnachtliche Hits
für Klasse, Chor und Schulband

Die Zeit vor Weihnachten bietet Schulklassen, Chören, Orchestern und Schulbands wunderbare Gelegenheiten, sich mit mit geeigneten Beiträgen zu präsentieren.

Christmas-Popsongs von: Mariah Carey - Bryan Adams - Melanie Thornton - John Bon Jovi - Alexandra Burke ...

ISBN 978-3-944326-13-9

Media-Paket (Buch & CD) 24,80 €

Die Buchstabenpiraten

Mini-Musical
für die Grundschule

Mini-Musical für Grundschulen.
Mit fetzigen Songs, Tänzen und vielen Szenen zum Schmunzeln.

Perfekt geeignet für Einschulungsfeiern und andere Anlässe!

Dauer: ca. 25 Minuten.
Autor: Knut Dembowski

ISBN 978-3-944326-16-0

Media-Paket (Buch & CD) 33,80 €

Popmusik für Einsteiger

Vom Klassenmusizieren
zur ersten Schulband

Konzept, Methodik, Praxis-Tipps.

Pop-Instrumentenkunde.

Schlagzeug-& E-Bass-Crashkurs.

Einsteiger-Popsongs
mit 1 bis max. 4 Akkorden

ISBN 978-3-944326-04-7

Media-Paket (Buch & CD) 27,80 €

Songs zur Einschulung

Neue Lieder für den ersten Schultag

Nicht immer hat man die Zeit, ein aufwändiges Programm einzustudieren. Aber: Ein paar neue Lieder für den ersten Schultag - das geht immer!

Frische Songs mit Pep zum Thema Einschulung. Motivierend, einfach, unkompliziert. Klasse 2 - 5

ISBN 978-3-944326-18-4

Media-Paket (Buch & CD) 18,80 €

Songs für die Abschlussfeier

Musik zur Schulentlassung

Songs für die feierliche Schulentlassung, aufbereitet für unkompliziertes Einüben. Klasse 4 - 13

Mit Titeln von ...

Silbermond, Xavier Naidoo, Hannes Wader, Konstantin Wecker u. A.

ISBN 978-3-944326-10-8

Media-Paket (Buch & CD) 22,80 €

Dreamgirls - Glaub an deinen Traum.

Pop-Musical

Einmal ganz groß raus kommen.
Der Traum vom großen Auftritt.
Interessante Rollen, witzige Dialoge und eine echte Message.

Ein Musical für die einzelne Klasse, Theater-AG, Musical-AG, Schulchor ... ab Klasse 5.

ISBN 978-3-944326-17-7

Media-Paket (Buch & CD) 35,80 €

Workshop Popmusik Band 1

Aktuelle Songs
für Klasse, Chor und Schulband

Andreas Bourani: Auf uns
George Ezra: Budapest
Tim Bendzko: Die Welt retten
Pink: Get The Party Started
Christina Stürmer: Ich lebe

Song-Analyse, Singen zum Playback, Mitspielen zur CD,
Live-Erarbeitung der Songs.
Kopiervorlagen & Arbeitsblätter

ISBN 978-3-944326-19-1

Media-Paket (Buch & CD) 25,80 €